教育部区域与国别研究培育基地（东盟研究中心）
广西科学实验中心（中国—东盟研究中心）
广西民族大学东盟学院

东盟研究
2013

陈丙先　庄国土　主编

世界知识出版社

> 图书在版编目（CIP）数据
>
> 东盟研究.2013/陈丙先，庄国土主编.—北京：世界知识出版社，2013.12
> ISBN 978-7-5012-4577-2
>
> Ⅰ.①东… Ⅱ.①陈…②庄… Ⅲ.①东南亚国家联盟—研究 Ⅳ.①D814.1
>
> 中国版本图书馆CIP数据核字（2013）第283418号

责任编辑	龚玲琳　余　岚
责任出版	赵　玥
责任校对	张　琨
封面设计	小　月
书　　名	东盟研究 2013 Dongmeng Yanjiu 2013
主　　编	陈丙先　庄国土
出版发行	世界知识出版社
地址邮编	北京市东城区干面胡同51号（100010）
网　　址	www.wap1934.com
印　　刷	北京京科印刷有限公司
经　　销	新华书店
开本印张	787×1092毫米　1/16　16¾印张
字　　数	190千字
版次印次	2014年1月第一版　2014年1月第一次印刷
标准书号	ISBN 978-7-5012-4577-2
定　　价	33.00元

版权所有　侵权必究

目 录

前言　承前启后：从"黄金十年"到"钻石十年"
　　　的中国—东盟关系 …………………… 庄国土　3

一体化追踪

区域间主义与东盟的一体化 …………………………… 肖　斌　2
东盟国家能源经济与环境研究综述 ………… 郑慕强　孟繁邨　16

热点分析

冷战后泰南穆斯林分离运动 ………………… 李一平　吴向红　36
南海安全形势发展及影响分析 ………………………… 唐　培　56

区域与国别

文莱农业发展与粮食生产、粮食安全问题分析 ……… 吴崇伯　80
缅甸地理政治区位特征及其或然性前景 ……………… 李　枫　92

越南占族历史与宗教信仰·················滕成达　102

近代中越边境人口流动与跨境民族的交融初探········吴锦娟　118

新加坡精英治国原因剖析···················钟奇峰　134

华侨华人

印尼山口洋华人的元宵大游行探析·············郑一省　154

21世纪初印度尼西亚华商的经济地位
　　——以华商大企业为分析重点············刘文正　169

前殖民时期菲律宾的中国移民············陈丙先　方园园　183

语言文化

浅析佛教对泰国语言文字的影响··············潘艳贤　194

印尼语的谓语研究······················杨君楚　212

中国学界

北京大学东南亚学研究中心·····················240

后　记

后　记·······························252

前　言

承前启后：从"黄金十年"到"钻石十年"的中国—东盟关系

东南亚是我国重要的周边地区，人口众多，资源丰富，扼印度洋和太平洋之间的交通要道，战略地位重要，近代以来一直是大国争斗要地。东南亚和中国有长期密切的政治经济文化联系，汉唐以来，两地商人使臣往来络绎于途。西方殖民者东来以后，东南亚相继沦为殖民地和列强的势力范围，中国也成为半封建半殖民地国家。二战以后，东南亚各国先后独立，中国也摆脱了半封建半殖民地状态，各自在维护主权独立和经济、文化发展过程中取得了重大成就。20世纪70年代以来举世瞩目的"东亚经济奇迹"，其核心内容之一就是东亚、东南亚的崛起。

近代以来的共同命运、全球化推动下的区域资源最佳配置和相近的价值观，外加山水相连，使得中国和东南亚之间的密切合作水到渠成。2002年中国国务院总理朱镕基和东盟十国领导人签署了《中国—东盟全面经济合作框架协议》，启动了中国与东盟建立自由贸易区的进程。各方决定到2010年建成中国—东盟自由贸易区，开始了中国—东盟合作的黄金十年。

一、近年来东盟的政治经济发展和一体化进程稳步提升

2008年以来,欧美、日本一直在经济衰退中挣扎,而东盟经济虽然增速放缓,但平稳发展中仍有傲人之处。作为东盟最大经济体的印尼,2011年的经济增长率竟然达到了6.4%,老挝、柬埔寨的经济增长率分别超过了8%和6%,东盟其他国家也实现了不同程度的增长。2011年东南亚地区自然灾害不断,尤其是泰国长达数月的大水灾,菲律宾多次遭受强台风袭击,当年东盟经济还能平稳增长,实属不易。

比经济发展更值得赞赏的是东盟政局基本稳定,民主化进程呈加速之势。2010年缅甸和菲律宾成功举行大选,选后政局平稳。2011年越南、老挝、新加坡、泰国等国都顺利进行了大选,实现了新旧政府的交替。大选的开放性和公平性均有所提高,新政府施政的民主程度也较以前有所改善。缅甸通过大选告别军政府统治,新政府释放昂山素季并允许其参政。新加坡反对党获得前所未有的选票数量,其影响力已让长期执政的行动党不敢低估。近10年在泰国政坛跌宕起伏的他信拥趸者,再次通过大选上台执政,暂时结束红、黄衫军恶斗数年的局面。尤其是作为东盟核心大国的印尼,其民选政府执政稳定,在反腐倡廉、政务公开、国民社会建构方面都取得了令人刮目相看的进步。其他东盟国家也在关注民生、社会开放、民主法制、权力制约和惩治腐败方面有着扎实的进展。

值得关注的还有东盟成员国之间的合作共进。在欧盟一体化进程为主权债务危机而备受困扰,乃至引发欧盟是否有解体之危这一疑问的2011年,东盟稳步推进其一体化进程。根据《东盟宪章》,东盟到2015

年要成为"经济共同体"。继2010年《东盟互联互通总体规划》开始推行后，2011年东盟各国完成了经济共同体蓝图规划目标73%以上的项目，文莱、印尼、马来西亚、菲律宾、新加坡、泰国之间的贸易已近零关税，东盟成员国在改善基础设施、投资与开发、能源与科学技术、环境保护、金融机制等领域的合作已先后启动和提速。2011年11月在巴厘岛召开的第19届东盟峰会上，东盟通过了《在全球国家共同体中的东盟共同体巴厘宣言》，更以经济一体化、政治安全一体化和社会文化一体化作为东盟共同体的三大支柱，并协商具体的实施路径和措施。

在欧美、日本经济仍未走出低谷的2012年，东盟经济与社会发展的成就仍可圈可点。因为很大程度上依赖于与发达国家的经贸关系，当年东盟经济增速有所放缓，但平稳发展中仍有傲人之处。作为东盟最大经济体的印尼，2012年经济增长率达到了6.23%，老挝、柬埔寨、缅甸的经济增长率分别超过8%、7%和6%，东盟其他国家也实现不同程度的增长。同时，2012年东盟各国政治局势平稳，各国政府的执行能力有不同程度的提升。

二、近年来南海争端并未影响中国—东盟关系发展的大局

近两年南海争端的升温，并没有在总体上影响中国和东盟各国社会经济的发展及中国和东盟的合作大局。

从20世纪90年代开始，中国与东盟及相关国家签署部分缓和南海争端的协议或声明，确定了和平解决争端的基本原则，并有效避免了争端升级和危机失控。

2002年，中国与东盟签订《南海各方行为宣言》（Declaration on the Conduct of Parties in the South China Sea），双方承诺以和平方式解决南海争端。《宣言》第四条规定：有关各方承诺根据公认的国际法原则，包括1982年的《联合国海洋法公约》，由直接相关的主权国家通过友好磋商和谈判，以和平方式解决它们的领土和管辖权争议，而不诉诸武力或以武力相威胁；第五条规定：各方承诺保持自我克制，不采取使争议复杂化、扩大化和影响和平与稳定的行动，包括不在现无人居住的岛、礁、滩、沙或其他自然构造上采取居住行动，并以建设性的方式处理它们的分歧。确定缓解和解决南海争端的基本原则，使争端各方看到了解决争端的希望，也有力地推动了中国与东盟关系的发展。当年11月，朱镕基总理和东盟10国领导人签署了《中国与东盟全面经济合作框架协议》，正式启动到2010年建成中国—东盟自由贸易区的进程。2003年，中国和东盟在巴厘岛签署《中华人民共和国与东盟国家领导人联合宣言》，双方宣布建立"面向和平与繁荣的战略伙伴关系"。此后，南海争端各方都恪守不适用武力的原则，中国与东盟确立战略伙伴关系。

2011年5月以后，因中越海上纠纷引发南海争端升温。当年7月21日，在印度尼西亚巴厘岛举行的中国—东盟外长会议通过了《落实〈南海各方行为宣言〉指导方针》（Guidelines for the Implementation of the DOC），各方承诺应在有关各方共识的基础上决定实施《南海各方行为宣言》的具体措施或活动，并迈向最终制订《南海行为准则》（COC）。该文件的签署表明中国与东盟各方均愿意缓和南海争端，并试图共同寻求控制危机升级的有效渠道，维护南海和平局面。目前，东盟已就《南海行为准则》草案达成初步意向，在7月初结束的东盟外长会上，中国与东盟达成共识，决定于今年9月正式开始磋商"南海行为准则"。我们有理由相信，只要没有外部干预，中国和东盟最终达成的《南海行为准则》，将有效防止南海争端失控。

以上两个中国与东盟签署的有关南海争端的文件，确定了通过和平方式解决南海争端的基本原则和如何防止南海争端升温的渠道。除此之外，中越之间的双边协议或联合声明，也显示两国解决双边争端的意愿和诚意。2011年10月21日，中国与越南签署了体现《南海各方行为宣言》基本原则的《关于指导解决中华人民共和国和越南社会主义共和国海上问题基本原则协议》。此后双方虽有纠纷，但也基本恪守该协议。更重要的是相比中国与相关国的合作共利而言，南海争端并没有成为深化双边友好关系的障碍。2013年6月20日，中越首脑在北京会晤，强调不使南海争端影响两党两国的友好关系。在次日发布的《联合声明》中，双方同意在海上争议最终解决前，保持冷静和克制，不采取使争端复杂化、扩大化的行动，本着建设性的态度妥善处理出现的问题，不使其影响中越关系大局以及南海和平稳定。

中国虽然一向主张南海争端通过双边谈判解决，但从中国与东盟间签署的两个关于南海问题的基本文件来看，中国并未排斥和东盟十国协商南海问题。中国反对域外势力介入南海争端，也符合马来西亚、印尼、泰国等东盟主要国家的基本立场。

三、打造中国—东盟关系的升级版恰逢其时

今年是中国-东盟建立战略伙伴关系十周年。由1991年的对话关系上升为2003年的战略伙伴关系，此乃中国—东盟关系的升华，由此开启了"黄金十年"的睦邻合作。十年来，中国—东盟关系进入全面合作与发展的新阶段，全方位、多层次和宽领域的经济合作不断深化。在东盟对话伙伴中，中国第一个在2002年同东盟签署建立自贸区的协议，第一个在2003年加入《东南亚友好合作条约》，第一个与东盟建立战略伙伴关系，第一个明确支持《东南亚无核武器区条约》。到2010年覆盖近20亿人口、横跨南北半球的自由贸易区全面建成，中国与东盟经济关系发展呈现出新的格局和前景。

2002至2012年，中国与东盟的进出口贸易额从547.67亿美元增至4000.93亿美元，增长6.3倍，双方互为最重要的贸易伙伴之一。2012年是中国—东盟自由贸易区建成的第三年，在国际经济不景气的大背景下，中国—东盟贸易额创历史新高，突破4000亿美元，同比增长10.2%，高于同期中国对外贸易平均增幅（6.2%）。其中中国对东盟出口2042.72亿美元，同比增长20.1%，自东盟进口1958.21亿美元，同比增长1.5%。中国连续四年成为东盟的第一大贸易伙伴，东盟继续为中国的第三大贸易伙伴。中国与东盟的相互投资规模也日益扩大，尤其是近年来中国对东盟的投资更是飞速增长。至2012年底，双方相互投资总额累计达1007亿美元。2012年，东盟在华的投资金额77.7亿美元，与上年度基本持平；中国在东盟的投资额为44.19亿美元，比上年度增长52%。中国在东盟还建立了多个境外经贸合作区，如泰中罗勇工业园、柬埔寨西哈努克港经济

特区、越南龙江工业园、越南中国（海防—深圳）经贸合作区。东盟国家一直是中国重要的海外承包工程市场和劳务市场。至2012年底，中国在东盟工程承包签署合同额达1478.7亿美元，完成营业额970.7亿美元。

比经济合作更为重要的是人员交流。2012年，双方人员往来超过1500万人次，其中中国赴东盟游客732万人次，较十年前增长2.6倍，是东盟第二大游客来源地。而东盟各国则成为中国公民最主要的旅游目的地。中国在东盟的留学生超过10万人，东盟在中国的留学生也超过5万人。

此外，中国与东盟在政治、安全、海洋、环保等方面的合作也日益深化。2002年《南海各方行为宣言》的签署，显示了中国与东盟共同致力于加强睦邻互信伙伴关系，维护南海地区和平与稳定的决心。2011年7月，中国与东盟国家就落实《南海各方行为宣言》后续行动指针达成一致。今年9月，双方在苏州开始了《南海行为准则》的谈判。

纵观十年来中国与东盟经济关系的发展历程，双边经贸合作规模迅速扩大，经济合作领域不断深化，制度化建设日趋完善，区域一体化程度逐步提高。因此，今年9月3日李克强总理在第十届中国—东盟博览会上致辞，将中国—东盟过去十年的合作成就形容为"黄金十年"，并表示双方有能力创造新的"钻石十年"。中国与东盟的经济关系展现出广阔的发展前景。

广西是中国唯一与东南亚山水相连、血脉相通的省份，在中国实施中国—东盟自由贸易区战略中，具有重要的战略地位和作用，这也是从2004年起每年的中国—东盟博览会落户南宁的原因，由此也使广西成为中国—东盟合作与发展的主要平台之一。

　　李克强总理提出了中国—东盟合作"钻石十年"的重大发展战略，如何实施该战略，需要顶层设计和体系论证，而深度解读东盟是前提。有幸的是广西壮族自治区政府能未雨绸缪，高瞻远瞩地在广西民族大学设立东盟学院，并将八桂学者岗位落户那里，委以深度研究东盟和培养高端东盟事务人才之重任。本书是该院尝试即时把握东盟发展状况的研究成果，也是八桂团队专题性研究成果的展示，以此就教于方家。

庄国土
广西壮族自治区八桂学者
广西民族大学东盟学院学术委员会主任
中国东南亚学会会长
2013年12月15日

一体化追踪

区域间主义与东盟的一体化

中国社会科学院俄欧亚所政治学博士　肖斌

【内容提要】本文主要讨论的是区域间主义对东盟一体化的影响。从东盟区域间主义的发展现状来看，在无政府的国际体系中，区域间关系的发展对东盟一体化是有较大的正面影响。但是如果东盟发展区域间关系是以制衡中国为目标，且可能对中国国家利益产生潜在的损害时，那么东盟区域间主义对其一体化的影响可能会由正面向负面转化。

【关键词】区域间主义　东盟　一体化

区域间主义[①]是国际关系中的一个客观存在的现象，与东盟一体化关系密切。在《曼谷宣言》中，东盟的一个首要目标就是"在符合现有的国际和地区组织原则的基础上，支持与外部世界加强紧密合作"。[②]伴随着20世纪80年代中期新区域主义的发展以及区域间主义的产生，东

---

① 肖斌、张晓慧：《东亚区域间主义：理论与现实》，《当代亚太》2010年第6期，第44—48页。
② Soedjati Djiwandono, "Europe and Southeast Asia", in Hanns Maull, Gerald Segal, Jusuf Wanandi, eds., *Europe and the Asia Pacific,* London and New York: Taylor & Francis Inc, 1998, p.207.

盟的跨区域合作不断增多。两极对抗格局结束后，东盟一体化迎来了快速发展的机遇期，东盟的区域间主义也随之快速发展。目前，在既有的东亚区域间关系中，东盟几乎都有参与且主导作用明显。那么作为东盟对外关系的重要组成部分，区域间关系对东盟一体化究竟产生了何种影响则是本文讨论的重点。

一、东盟的区域间主义

区域间主义通常与经济自由化、全球化密不可分，并建构了国际关系的垂直分工，使之发展成一个多层次系统，涵盖了民族国家从双边到多边层次的关系。由于区域间主义为全球和区域组织、低水平的国际体系（地区—国家决策层次）搭建一个相互联系的平台，进而出现了不同区域之间的跨区域、次区域合作。[①] 东盟的区域间关系就是在这种背景下快速发展的。东盟所参与的区域间关系形式多样，大致可以归纳为三种形式（不包括非国家性质），一是地区集团与地区集团，二是双边和跨区域制度安排，三是准区域间关系（又称混合形式）等。

（一）地区集团与地区集团

地区集团与地区集团关系可以被看成是区域间制度安排的原型，这种关系可以与第一阶段的"地区主义"联系起来。自20世纪70年代以来，这种形式的对话关系在世界范围内普遍兴起。欧共体与东盟长期的

[①] 肖斌：《论东盟与欧盟区域间关系的演变》，《同济大学学报》（社会科学版）2009年8月，第74—79页。

对话关系就被很多学者看成是区域间集团对集团的形式。① 这类区域间关系通常以成员国定期举行部长级或高官层次的会议，并以联合制定项目和方案为主。在大多数情况下，各成员国在一起交流信息和讨论具体的经济合作问题，有时也讨论政治问题，例如人权、民主等。目前，东盟地区集团对地区集团形式的区域间关系（官方性质）主要有7个（见表1）。

表1 地区集团与地区集团②

欧洲	南亚和西亚	拉丁美洲	大洋洲
东盟—欧盟	东盟—南亚区域合作联盟 东盟—海湾合作组织	东盟—加勒比国家联盟 东盟—里约集团	东盟—澳、新紧密经济关系协议 东盟—南太平洋论坛

（二）双边和跨区域制度安排

区域间双边和跨区域关系是国际关系中的新现象。这种类型的区域间制度安排是在北美、西欧和东亚"三角关系"③下涌现出来的。与传统的集团对集团关系不同，在双边和跨区域制度安排中，成员国不一定与地区集团保持一致，并且成员国可能来自两个地区以上。因此，虽然在地区层面上也有一定的协调作用，但国家是以个体的身份

---

① Manfred Mols, "Cooperation with ASEAN: A Success Story", in Geoffrey Edwards and Elfriede Regelsberger, eds., *Europe's Global Links. The European Community and Inter-Regional Cooperation,* London: Pinter Publishers, 1990, pp. 66-83.
② 在同一地区内，次地区集团之间的关系不属于区域间关系，如南方共同体市场和安第斯共同体之间的关系。
③ 三角关系主要指在美洲、西欧和东亚世界三大经济区之间的关系。这个概念最早来自于美国、欧盟和日本世界三大经济实体之间的关系。冷战结束后，随着新区域主义的出现和东亚经济的快速发展，这个概念被延伸到东亚、北美、西欧三大地区关系上，并成为国际秩序的主要特征之一。

参加。① 目前，东盟在美洲、欧洲、大洋洲等地区建立了4个区域间的双边或跨区域关系（见表2），跨区域关系因参加者所关心的问题不同，在议题内容上有所侧重，例如，亚欧会议所涉及的内容较广但大多以经济议题为主，但有扩大到政治领域的趋势，而东盟地区论坛的议程则主要集中于安全问题。

表2 区域间双边和跨区域制度安排

欧洲	北美	大洋洲
亚欧会议 东盟地区论坛	东盟地区论坛	东盟地区论坛

（三）准区域间主义（又称混合形式）②

准区域间主义有三种形式：地区集团和单一国家之间的关系，例如欧盟—中国、东盟—日本；正式的地区集团或地区组织同正在组建的地区集团之间的关系；两国或多个地区的主要国家之间建立的制度化安排。③ 由于后两种混合形式还存在一些理论争议，本文讨论的混合形式主要指地区集团与单一力量（Single Power）的区域间关系，该种形式的前提条件是单一力量在自己所处的地区拥有主导地位（诸如美国在北美地区、印度在南亚地区）。这样在一定意义上，地区集团和单一力量之间的关系，在区域间双边或跨区域间制度安排中的作用比较明显。东

---

① Jürgen Rüland, "The EU as Inter-Regional Actor: The Asia-Europe Meeting (ASEM)", Paper Prepared for the International Conference on "Asia-Europe on the Eve of the 21st Century", Bangkok, 19-20 August, 1999, p.2.

② Jürgen Rüland, "Inter - and Transregionalism: Remarks on the State of the Art of a New Research Agenda", Paper on Asia - Pacific Studies in Australia and Europe, Australian National University, July 5-6.

③ 刘宗义：《地区间主义的发展及对我国的意义》，《世界经济与政治论坛》2008年第4期，第45页。

盟和单一力量形式的区域间关系较多。（见表3）

表3 混合形式（准区域间主义）

欧洲	东亚	南亚和西亚	北美	大洋洲
东盟—俄罗斯	东盟—中国 东盟—日本 东盟—韩国	东盟—印度 东盟—巴基斯坦	东盟—美国 东盟—加拿大	东盟—澳大利亚 东盟—新西兰

目前，东盟的区域间关系涉及的领域包括政治和安全、经济和贸易、社会和文化以及发展合作等领域，已成为亚太国际关系中重要的组成部分。取得的具体成果包括：

一是区域间关系基本实现了制度化。元首峰会、部长级会议、高官会议等第一轨道外交，知名人士、非政府组织和舆论等半官方、非官方途径的第二轨道外交遍布东盟的区域间关系中，成为东盟发展区域间关系的重要保证。例如，自东盟与欧盟建立正式关系以来，东盟与欧盟部长级会议已召开了19届，签署了各类合作协议、宣言和声明，合作内容广泛涉及经济、政治、安全等领域。

二是区域间经济关系发展迅速且成果显著。根据东盟公布的统计数据，2011年在东盟10大进出口市场中，中国、日本、欧盟（27国）、美国、韩国、印度、澳大利亚等与东盟建立区域间关系的国家和地区占东盟进出口总额的60.82%和60.4%，总额为20454.31亿美元，而2006年这一数据仅为53.3%和55.7%，总额为11205.93亿美元，2011年比2006年增长了1.82倍。①

---

① 数据来源：东盟官方网站，2013年6月1日。

三是区域间发展合作效果显著，合作领域不断扩大。目前，东盟区域间关系的合作已涵盖政治、经济、安全、环境保护、医疗健康、减灾预防等领域。例如，在第19届东盟与欧盟部长会议上通过了《斯里巴加湾行动计划》，该计划旨在2013—2017年提升东盟与欧盟之间的伙伴关系，主要目标是扩大在地区层面上的政治、安全、经济和社会文化领域的合作。2012年7月12日在东盟部长会议/第19届东盟地区论坛上，欧盟加入了《东南亚友好合作条约》。

二、东盟发展区域间主义的动机

关于东盟发展区域间关系的动机，学界已有不少解释，其中于尔根·鲁兰德的结构性功能论比较有代表性。鲁兰德把区域间关系可能产生的结构功能分为6种：制衡功能、搭便车功能、制度建构功能、协调功能、议程设置功能和身份建构功能。[①] 在于尔根·鲁兰德的结构性功能论中，解释力最强的功能是制衡功能，即在国际社会无政府状态且不以军事为主要手段的前提下，东盟国家希望通过发展区域间关系，维持与北美、西欧之间两大经济区或与中国、美国、日本等大国之间的力量平衡。其余5种功能对东盟发展区域间主义也有作用，但由于在无政府国际社会中，出于安全和主权独立性的考虑，东盟成员国更倾向维持国家自助，即审慎地去选择加入不同制度化水平的地区性国际组织。

制衡行为从单元层次扩展到地区层次主要表现在第二次世界大战后，

---

① Jürgen Rüland, "Interregionalism in International Relations", 2013年7月31日, http://www.politik.uni-freiburg.de/pdf/InterregSum.pdf。

原因是亚非拉三大洲的民族独立运动催生了大量的弱势国家进入国际政治舞台。为了在与强势国家交往中维护自己的国家利益，弱势国家选择通过集体的力量制衡强势国家，并利用集体的力量维护了弱势国家的共同利益，例如去殖民化、反霸权主义、去种族隔离制度或支持巴勒斯坦的民族解放运动等。① 不过，受两极格局的限制，地区层次的制衡行为常常被国家层次的制衡行为所掩盖。在此期间，不少弱势国家组成的地区性国际组织因不同的原因而解体，而能够生存下来的地区性国际组织，例如阿拉伯国家联盟（1945年）、非洲同盟（1963年）、东南亚国家联盟（1967年）、阿拉伯石油输出国组织（1968年）、安第斯共同体（1969年）、南亚区域合作联盟（1985年）、里约集团（1986年）等，无一不是因为能通过集体的力量维护成员国的利益，以及提高成员国的制衡能力而生存下来的。

冷战结束后，国家体系的单极化、新兴大国的崛起、安全问题的地区化，以及地区化发展的不均衡，迫使弱势国家对变化中的国际体系做出反应。特别是强势国家地区一体化进程的加快、地区贸易保护主义的上升、霸权国对地区事务的强势介入以及地区性大国的崛起，使弱势国家不得不选择通过增强地区性维持现状或提高讨价还价的能力来制衡可能出现的损失或潜在威胁。另外，区域间主义的快速发展，既为弱势地区增强了地区性，② 也为弱势地区的制衡行为提供了

---

① Louise Fawcett, "*Regionalism in World Politics: Past and Present*", p.6., 2013年7月31日，http://www.garnet-eu.org/pdf/Fawcett1.pdf。

② Jürgen Rüland, "Interregionalism in International Relations: Conference Summary", pp.5-8. The conference was sponsored by the Foundation Volkswagen and held at the Arnold-Bergstraesser-Institute, Freiburg, Germany, on 31 January and 1 February 2002. Convenors and organizers were Heiner Hänggi (University of St. Gallen), Ralf Roloff (University of the Armed Forces, Hamburg) and Jürgen Rüland (University of Freiburg).

更多的工具。① 例如东盟利用亚欧会议、亚太经济合作组织、东亚峰会等区域间关系，平衡了中国、美国、欧盟、日本等区域。

需要指出的是，现有的区域间关系并没有从根本上改变现有的国际体系，区域间关系的核心推动力仍然是主权国家，只不过是国家间的竞争延伸至地区层面。在很多情况下，国家以特定地区为单元层次，同一地区内国家结成各种形式的地区性国家组织，通过在内部增强地区性和在外部利用区域间关系②来提高国家的制衡能力。对此，一些学者明确表示，区域主义是一种国家适应全球化发展的战略，尤其对于一些小国，区域主义是保护其主权、制衡大国关系、抵御全球化负面影响的一项重要制度选择。在竞争日益激烈的全球经济中，区域主义是提升经济、市场、技术竞争力的重要战略。此外，如果全球化和区域主义真能削弱民族国家政府的控制能力，那么区域主义也能使小国重新获得它们失去的权力。③

进入21世纪以来，随着国际单极体系由强转弱和中国的不断崛起，在发展区域间主义的目标上，东盟更加突出了制衡动机。事实上，制衡行为伴随着东盟成立而存在到今天，不同的是其制衡的侧重点。一是制

---

① Vugar Allahaverdiyev, "Interregionalism as a Foreign Policy Toll of the EU: The Case of ASEM and EU-ASEAN Partnership", submitted to Central European University, International Relations and European Studies Department, Budapest, Hungary, 2008, p.18.

② 区域间关系成为国家的外交工具是建立在这样的假设之上：第一，国家追求改变现有的等级地位和制衡威胁的目标；第二，国家通过一系列的外交组合来实现上述目标；第三，国家所有的外交政策行为，包括结盟和对资源的需求。

③ Jürgen Rüland, "Interregionalism in International Relations: Conference Summary", p.2. The conference was sponsored by the Foundation Volkswagen and held at the Arnold-Bergstraesser-Institute, Freiburg, Germany, on 31 January and 1 February 2002. Convenors and organizers were Heiner Hänggi (University of St. Gallen), Ralf Roloff (University of the Armed Forces, Hamburg) and Jürgen Rüland (University of Freiburg).

衡老牌殖民地国家保持民族独立,二是制衡共产主义运动对东南亚地区的影响,三是制衡区域内部冲突的扩大。[①] 针对东盟的多边行为取向,长期研究东盟区域主义的德国学者于尔根·鲁兰德也撰写了相关文章,讨论东盟的多边行为更加接近"对冲效力"还是"多边效力"。通过分析和研究,于尔根·鲁兰德认为,制度平衡在东盟的行为中扮演了重要角色,并限制了加深制度和解决问题的能力。东盟更加看重能实现其现实利益的或对实现其现实利益有帮助的目标,而不是建立在自由主义基础上的"多边效力"概念所追求的规范议程。[②] 当地区一体化不能满足东盟的现实需要时,发展区域间关系便成为东盟提高其制衡能力的另一种补充。例如,东盟发展与欧盟(当时是欧共体)关系,目的就是为了制衡可能因欧盟贸易保护政策而出现经济损失,以及削弱美国和日本在东南亚地区的经济控制。[③] 而欧盟则通过发展与东盟的关系加强对东南亚地区的合作,也可制衡中国、美国、日本等大国在东亚地区影响力继而保证或提升欧盟在东亚地区的竞争力。[④] 可见,制衡不仅是东盟一体化的主要动力,也是发展其区域间主义的主要动机。那么制衡又是如何通过区域间主义影响东盟一体化的?

[①] 肖斌:《一致与冲突:东盟与欧盟经济政治关系研究》,厦门大学博士学位论文,2009年,第13—27页。

[②] Jürgen Rüland, "Southeast Asian regionalism and global governance: 'multilateral utility' or 'hedging utility'"? *Contemporary Southeast Asia*, 2011, 33(1), pp.83-112.

[③] 肖斌:《论东盟与欧盟区域间关系演变》,《同济大学学报》(社会科学版)2009年第4期,第75页。

[④] David Camroux, "Interregionalism or Merely a Fourth-Level Game: An Examination of the EU-ASEAN Relationship", *East Asia*, 2010 (27), pp.57-77.

三、区域间主义对东盟一体化的影响

尽管可能存在负面影响，但是区域间主义对推动东盟一体化的正面作用更为明显。通过发展区域间主义，东盟各成员国以统一的身份参与国际事务，并在一定程度上提高了东盟的地区性水平。[①] 而地区性水平越高，则表明该地区经济相互依存、交流、文化同质性、内聚力、行为能力，尤其是解决冲突的能力就越高，而随着"地区性"的日益增强，地区一体化形成的必要条件也随之逐步成熟，地区将成为拥有自己权利的行为主体。[②] 目前，区域间主义对东盟一体化的正面影响主要有：

一是促进了东盟制度化建设。自《东盟宪章》生效以来，东盟的区域间合作更为广泛，尤其在亚太地区，东盟已成为亚太区域间关系的重要推动力。在区域间经济关系迅速发展的同时，东盟开始把发展区域间政治安全关系也纳入其中。例如，通过东盟地区论坛就朝鲜半岛问题、领土及海洋主权问题、缅甸问题、打击海盗问题等进行了磋商对话。[③] 随着区域间关系的增多，为了应对更高级别、更为复杂的区域间关系，加强自身的制度建设便成为东盟的选择。例如，东盟成员国最高级别会议已经实现了制度化，1992年至2000年东盟部长级会议是每3年举行1次，2001年以来是每年举行1次，2008年在东盟宪章生效后变成每年2次，为了能适应在解决具体问题上进行更为专业的讨论，部长级会议也进行了细化。围绕部长级会议，东盟建立了协调理事会、社团理事会

[①] 肖斌、张晓慧：《区域间的不对称与制衡行为：以欧盟与东盟关系为例》，《世界经济与政治》，2011年，第137—156页。

[②] 同上。

[③] "Annual ARF Security Outlook 2012 (Japan)"，日本外务省网站，2013年7月31日。

和永久代表委员会等机构。尽管成员国间差异较大，但《东盟宪章》生效，也使东盟成员国加强了在人权领域的合作，即东盟政府间人权委员会（AICHR）以及东盟促进与保护妇幼权益委员会（ACWC）的建立。这应该是东盟作为以互不干涉内政为原则的东盟，寻求在人权问题上的合作应该被看成是其制度化进程中的一个重大的进步。目前，东盟每年支持召开的多边会议已超过750次，比15年前增长了4倍。[①]

二是增强了集体身份。经验性研究成果显示，区域间和跨区域对话可以推动集体身份的建立。特别是在异质的和新建立的地区集团之间，区域间和跨区域关系对促进区域身份的建构有较大的正面作用。这是因为，在共同利益的基础上，区域间和跨区域关系有助于加深参加国之间的相互了解，进而加强对外政策的一致性，增强地区的角色性，激发和促进区域凝聚力，并在求同存异的基础上建立相同的地区规范。即便区域间和跨区域关系高度的不对称，也可能产生一些意想不到的集体认同。如果一方把区域间或跨区域关系视为巩固自己优势地位的工具，可能会使弱势的一方加强和建立符合自己需要的地区性组织。例如，欧盟的产生促使亚洲国家加强了自身的整合，并尝试建立符合亚洲价值观的政治经济秩序。相关例子还有，美国反对建立亚洲货币基金，认为这将进一步分化亚太经济合作组织成员与其他太平洋国家的关系，此举反而促使了东北亚与东南亚国家关系的发展。例如，2010年东盟与中国自由贸易区的建成，不仅推动了东盟与中国经济合作向更高水平发展，同

---

① Jürgen Rüland, "Southeast Asian regionalism and global governance: 'multilateral utility' or 'hedging utility'"? *Contemporary Southeast Asia*, 2011, 33(1), pp.83-112.

时也是东盟作为一个整体发展对外经济合作的重要实践。此外，通过区域间关系，东盟在如何推动一体化建设上也获得了宝贵的经验。例如，在欧盟与东盟许多重要的《宣言》中，推动一体化建设一直是欧盟发展与东盟关系的重要内容。在2013年4月举办的欧盟与东盟经济政策论坛上，欧盟与东盟分享了在一体化建设中的经验教训，并讨论了《东盟与欧盟行动计划：2013—2017年》，目的是确保欧盟能够更多地参与到亚太经济一体化的进程中。

在发展区域间关系中，东盟越来越多地体会到以集体身份参与国际合作的优势，并意识到建立集体身份的重要性。为此，2015年建成东盟经济共同体已成为各个成员国积极推动的目标。东盟成员国希望经济共同体建成后，能够吸引更多的国家进入或更加重视东盟市场，特别是在投资方面，预期有更多的生产基地迁移至东盟。

三是增强了东盟的自身实力。自2008年《东盟宪章》签署以来，东盟经济实力不断增长与扩大。根据东盟秘书处统计，截至2011年东盟陆地面积有443.5万平方千米，人口有6.04亿，人口年增长率为1.3%，国内生产总值为2.17万亿美元，人均国内生产总值为3601.4美元，进出口总额为2.38万亿美元，吸引外资1141.1亿美元。与2008年相比，2011年东盟人口增加2100万，国内生产总值增加0.67万亿美元，人均国内生产总值增加1024.1美元，进出口总额增加0.67万亿美元，吸引外资增加546.7亿美元。① 虽然东盟现有的实力还不能左右现有的国际政治经济秩序，但是随着东盟自身实力的增强，东盟在变化中的国际经济秩序中已为自己

---

① 数据来源：东盟秘书处统计，2013年1月。

争取了很多有利位置。在地区层面上，东盟已逐渐开始发挥作用。近几年，美、中、日、韩、澳等主要域外国家不断加强与东盟关系，2009年7月，美国签署《东南亚友好合作条约》；2010年1月1日中国与东盟自由贸易区正式全面启动。自贸区建成后，东盟和中国的贸易将占到世界贸易的13%，将是发展中国家间最大的自贸区；2007年日本与东盟达成《自由贸易区协定》，通过"亚洲经济倍增倡议"（2009年），日本对以东盟为主的亚洲发展中国家打出包括官方发展援助、贷款保险、贸易融资担保、环保投资倡议等共约700亿美元援助计划；韩国于2009年6月宣布东盟—韩国自贸区将于2010年1月正式启动；2009年，澳、新西兰与东盟签署自贸区协议，2012年1月正式生效；欧盟也已加快了与东盟之间的自由贸易谈判。

可见，区域间关系对东盟一体化的正面作用明显。但是在一定条件下，区域间关系对东盟一体化也有负面作用，其中以发展制衡中国的区域间关系为最。

自启动中国与东盟自由贸易区以来，中国与东盟经贸合作发展势头十分强劲。据中国海关统计，2012年1—12月，中国与东盟贸易总额已突破4000亿美元，比2011年增长10.3%。2013年的1月至4月，中国与东盟贸易总额已达1389.7亿美元，比2012年同期增长18.1%。[①] 即便如此，中国与东盟关系存在很大的不确定性，其中最主要的就是随着东盟一体化水平的提升，受部分成员国的影响，东盟出现了把发展区域间关系作为直接针对中国且制衡中国的工具的趋势。通过区域间关系，东盟与其

---

① 数据来源：中华人民共和国商务部亚洲司。

他国家有意识地协调外交行为，以取得能够制衡中国的目的。例如，利用东盟—美国、东盟—中国峰会、东盟地区论坛等区域间关系把南中国海问题作为讨论的议题。虽然还有一些东盟国家未明确表示制衡中国的意图，但是这些国家选择了两面下注的策略，既希望在中国经济发展中获取更多的收益，也想借机提高与中国讨价还价的能力，甚至乘机打压中国。

中国已开始关注东盟可能伤害中国国家利益的行为。如果中国认为，东盟发展区域间关系是以制衡中国且对中国的国家利益构成威胁，那么中国可能针对东盟一体化的进程采取反制政策。例如，分化或经济制裁东盟成员国；削弱东盟既有的区域间关系；选择人民币贬值等。此外，东盟国家还可能面临这样一个无法回避的问题，分布在东南亚地区的约3500多万的华人虽然不可能选择与中国一样的政策立场，但是出于保护自己的原因，他们有可能部分或全部从反华立场较强硬的东盟国家撤资。根据厦门大学国际关系学院世界华人问题研究专家王望波博士的估计，目前华人企业对东盟成员国国内生产总值的平均贡献率在20%左右，对东盟成员国就业率的平均贡献率在30%左右。即便不是全部华商企业都选择部分或全部撤资，这也将对部分东盟成员国的国内经济造成巨大影响。

总之，东盟的区域间关系对其一体化有正面和负面两种影响。尽管正面影响优势明显，但负面影响也不容忽视。

东盟国家能源经济与环境研究综述

汕头大学商学院副教授，经济学博士，硕士生导师　郑慕强

汕头大学商学院研究生办助理，经济学硕士　孟繁邺

【内容提要】伴随着各国经济迅速发展，东盟地区的能源需求日益扩大，二氧化碳排放量也不断增加。本文通过对东盟国家能源经济的相关研究文献进行分析，从能源消费与经济增长关系、能源—经济—碳排放关系、能源与碳排放效率、能源政策与合作、可持续发展等进行分析。试图归纳东盟国家能源经济与环境的研究现状与特点。

【关键词】能源经济　碳排放　能源效率　东盟国家

近年来世界上几乎所有的国家都把能源作为国家的重要战略资源，能源也是事关每一个国家经济社会稳定和可持续发展的重要因素，是经济增长的重要源泉。然而，能源过度消费造成世界环境的污染，探索能源消费、经济增长与环境保护问题已成为世界经济的研究热点。东盟地区是世界经济增长的热点地区之一，也是全球重要的制造业生产与出口基地，在石油和天然气消费量上居世界前列。目前，探讨东盟国家能源

经济问题的研究不少，这些研究集中关注哪些问题呢？未来进一步研究有哪些？基于这个课题，本文从定量（关系探讨、效率分析）以及定性（政策、安全和可持续发展）进行分析，试图归纳东盟国家能源经济与环境的研究现状与特点。

一、能源消费与经济增长关系

能源与经济增长关系密切，具体表现为：一是经济增长对能源投入的依赖性；二是能源的发展要以经济增长为前提。能源一直被认为是"取之不尽，用之不竭"的原材料，所以，自经济学诞生以来，并没有受到应有的重视。随着世界经济的发展和石油危机的发生，能源稀缺性凸显，大多数国家都把能源作为一种重要的战略资源，纳入国家安全的框架体系中。因此，能源消费与经济增长的关系成为了学者们研究的重要领域之一，特别是从斯特恩（Stern）提出应该把能源作为一种生产要素放入生产函数中之后，对该课题的相关研究和探索不断涌现。[①] 总结前人对东盟国家等能源消费与经济增长两者关系研究，虽然研究方法和工具不断更新和完善，但是始终得不到基本一致的结果，这与研究中所构建的理论模型、使用的研究方法、参数估计与假设、采用的样本数据有重要的关系。

在采用的方法与模型方面，随着计量方法的"升级"，探索能源与经济之间关系的技术也在不断演变。根据相关文献分析，大致可以

---

① Stern, D.I. Energy and Economic Growth in the USA: A Multivariate approach [J]. Energy Economics, 1993, 15(2): 137-150.

分为三个阶段。第一阶段为直线"伪回归"阶段（20世纪70年代至80年代末），主要是克拉夫特和克拉夫特（Kraft & Kraft）采用美国1947—1974的年度数据进行开创性研究，结果发现存在GNP到能源消费的单向格兰杰因果关系。[1] 随后，余和黄（Yu & Hwang）、余和崔（Yu & Choi）以及阿伯瑟和巴荷斯坦尼（Abosedra & Baghestani）采用其他国家和不同时间段的数据，研究结果则表明GNP与能源消费之间并不存在因果关系。第二阶段为时间序列协整检验阶段（20世纪90年代初至21世纪初）。余和金（Yu & Jin）最早采用协整技术，利用E-G两步法检验美国能源消费与收入之间的关系，结果发现不存在长期联系。[2] 索伊塔和莎丽服（Soytas & Sari）与格拉斯和李（Glasure & Lee）采用类似方法，以其他不同国家年度数据为样本，结果都证实能源消费与经济增长之间存在双向因果关系的假设。[3] 第三阶段是面板协整检验阶段（21世纪初至今），李（Lee）开创性地采用面板协整方法来探讨能源消费与经济增长之间的关系。面板单位根、面板协整和面板因果关系的检验至今已是这方面研究的热门工具，李（Lee）、帕热斯和拉塞尔（Paresh & Russell）、Mehrara（2007）和纳拉焉和史密斯（Narayan & Smyth）分别就发展中国家、中东地区国家、石油输出国和G7国为样本探索两者之间

---

[1] Kraft, J., and Kraft, A. On the Relationship Between Energy and GNP [J]. Energy Development, 1978, 3(2): 401-403.

[2] Yu, E.S.H., and Jin, J.C. Cointegration Tests of Energy Consumption, Income, and Employment [J]. Resource and Energy Economics, 1992, 14(3): 259-266.

[3] Soytas, U., and Sari, R. Energy Consumption and GDP: Causality Relationship in G-7 Countries and Emerging Markets [J]. Energy Economics, 2003, 25: 33-37; Glasure, Y.U., and Lee, A.R. Cointegration, Error-Correction, and the Relationship Between GDP and Electricity: The Case of South Korea and Singapore [J]. Resource and Energy Economics, 1997, 20: 17-25.

的关系，得到不完全一致的实证结果。①

在2004年之前，对东盟国家能源消费与经济增长关系的研究基本都采用时间序列分析，2004年至今则基本都采用面板协整方法。在研究模型的选择上，2006年之前，除弥赛亚和弥赛亚（Masih & Masih）、阿萨法－埃德加（Asafu-Adjaye）、欧和李（Oh & Lee）与法泰等（Fatai et al）研究外，其他相关研究都使用生产型模型。② 2006年之后就该课题研究所采用的模型，生产型模型与需求模型都被运用到研究中，不存在对某个模型的偏向性，而现今文献统一采用的研究方法为面板协整（见表1）。

在研究样本选择上，2004年之前，都选择在20世纪50年代到90年代，时间跨度一般是30多年。2006年之后的研究样本基本上是从20世纪70年代初至21世纪初，时间跨度也为30年左右。当然，如保罗和巴塔查里亚（Paul和Bhattacharya）与李等（Lee et al.）等也考虑了20世纪50和60年代的数据，时间跨度较长，但这些研究的对象基本为单个国家，或者

---

① Lee, C.C. Energy Consumption and GDP in Developing Countries: A Cointegrationd Panel Analysis [J]. Energy Economics, 2005, 27(3): 415-427; Paresh, C.N., and Russell, S. Multivariate Granger Causality Between Electrictiy Consumption, Exports and GDP: Evidence From A Panel of Middle Eastern Countries [J]. Energy Policy, 2009, 37(1): 229-236; Narayan, P.K., and Smyth, R. Energy Consumption and Real GDP in G7 Countries: New Evidence from Panel Cointegration with Structural Breaks [J]. Energy Economics, 2008, 30: 2331-2341.

② Masih, A.M.M, and Masih, R. A Multivariate Cointegrated Modeling Approach in Testing Temporal Causality Between Energy Consumption, Real Income and Prices with An Application to Two Asian LDCs [J]. Applied Economics, 1998, 30(10): 1287-1298; Asafu-Adjaye, J. The Relationship between Energy Consumption, Energy Price and Economic Growth: Time Series Evidence from Asian Developing Countries [J]. Energy Economics, 2000, 22: 615-625; Oh, W., and Lee, K. Energy Consumption and Economic in Korea: Testing the Causality Relation [J]. Journal of Policy Modeling, 2004, 26: 973-981; Fatai, K., Oxley, L., and Scrimgeour, F.G. Modelling the Causal Relationship Between Energy Consumption and GDP in New Zealand, Australia, India, Indonesia, the Phillipines and Thailand [J]. Mahematics and Computers in Simulation, 2004, 64: 431-445.

比较成熟的区域性组织。① 新加坡在20世纪70年代实现经济起飞，而其他东盟四国是在80年代经济才迅速崛起，所以，现有研究东盟国家能源消费与经济关系问题一般集中在20世纪70年代以后。

从研究结论上看，除弥赛亚和弥赛亚（Masih & Masih）对马来西亚、新加坡和菲律宾的研究，以及索伊塔和莎丽服（Soytas & Sari）对印度尼西亚的研究不存在因果关系外，几乎所有对东盟国家的研究结论都表明存在能源与经济的因果关系（包括单向或者双向），② 2004年后的研究更是如此。但是对于能源消费与经济增长之间具体存在何种关系，结论却不尽相同。除法泰等（Fatai et al.）对菲律宾与泰国和柳（Yoo）对马来西亚与新加坡的研究结论出现双向因果关系外，其他研究结论都只存在单向关系，且因果关系的方向很不一致（见表1）。

表1 能源消费与经济增长的实证研究结论比较

作者	模型/方法	样本时期	研究对象与结论
Yu&Choi(1985)	生产型/时间序列	1954—1976	菲律宾：能源→经济 泰国：能源↔经济
Masih&Masih(1996)	生产型/时间序列	1955—1990	马来西亚、新加坡和菲律宾：— 印尼：经济→能源
Masih&Masih(1998)	需求型/时间序列	1955—1991	斯里兰卡和泰国：能源→经济
Glasure&Lee(1997)	生产型/时间序列	1961—1990	韩国和新加坡：能源↔经济

---

① Paul, S., and Bhattacharya, R.N. Causality Between Energy Consumption and Economic Growth in India: A Note on Conflicting Results [J]. Energy Economics, 2004, 26: 977-983; Lee, C.C., Chang, C.P, and Chen, P.F. Energy Income Causality in OECD Countries Revisited: The Key Role of Capital Stock [J]. Energy Economics, 2008, 30: 2359-2373.

② Masih, A.M.M, and Masih, R. Energy Consumption, Real Income and Temporal Causality: Results from A Multi-Country Study Based on Cointegration and Error-Correction Modeling Techniques [J]. Energy Economics, 1996, 18(3): 165-183; Soytas, U., and Sari, R. Energy Consumption and GDP: Causality Relationship in G-7 Countries and Emerging Markets [J]. Energy Economics, 2003, 25: 33-37.

续表

作者	模型/方法	样本时期	研究对象与结论
Asafu-Adjaye(2000)	需求型/时间序列	1973—1995	印度和印尼：能源→经济 泰国和菲律宾：能源↔经济
Fatai et al.(2004)	需求型/时间序列	1960—1999	印尼和印度：能源→经济 菲律宾和泰国：能源↔经济
Lee(2005)	生产型/面板协整	1975—2001	18个发展中国家：能源→经济
Yoo(2006)	生产型/时间序列	1971—2002	马来西亚和新加坡：能源↔经济 印尼和泰国：经济→能源
Chen et al.(2007)	需求型/面板协整	1971—2001	10个亚洲国家：经济→能源（短期）；能源↔经济（长期）
Lee&Chang(2008)	双模型/面板协整	1971—2002	16个亚洲国家：能源→经济
Lee et al.(2008)	生产型/面板协整	1960—2001	22个OECD国家：能源↔经济
Ozturk et al.(2010)	需求型/面板协整	1971—2005	14个低收入国家：经济→能源 23个中收入国家：能源↔经济
Chandran et al.(2010)	需求型/时间序列	1971—2003	马来西亚：能源→经济

注：1. "能源→经济"表示从能源消费到经济增长的单向因果关系；"经济→能源"表示从经济增长到能源消费的单向因果关系；"经济↔能源"表示从能源消费到经济增长的双向因果关系；"—"不存在任何能源消费与经济增长的因果关系。
2. "研究对象与结论"中黑体表示有涉及东盟国家的研究结论。

研究模型与方法的选择、样本时间的选定以及研究对象的选取不同可能得到不一致的研究结论，甚至错误结论，这会误导相关政策的制定而使得相关的研究失去意义。因为，如果存在能源消费到经济增长单向因果关系，这意味着能源是经济增长的推动力，限能必然会使经济发展受挫，甚至使经济提早陷入衰退期。如果存在经济增长到能源消费的单向因果关系，那么采用能源节约或者限制政策对国家经济增长就没有太大的影响，但是经济的不断发展会使得能源需求不断升高。如果不存在能源消费到经济增长的任何因果关系,即所谓的"中性假设",那么制定一方政策时则完全不用考虑另一方的影响。[1]

二、能源、经济与碳排放关系

目前,探索能源、经济和碳排放之间两两关系的研究虽不少,但全面系统探讨能源消费、经济增长和碳排放三者之间的关系的研究并不多,而针对东盟国家的实证研究则更少。

(一)经济增长与碳排放关系

20世纪末,由于世界范围内环境问题的出现,使得学者开始关注经济快速增长与环境加速恶化之间的关系。格罗斯曼和克鲁格(Grossman & Krueger)首先提出了环境库兹涅茨曲线(EKC),许多学者对EKC所表现的环境污染与经济增长之间的倒U型假说关系进行了验证,[2]这为研究经济增长与碳排放之间的关系提供了分析工具和理论支持。[3]当经济发展处于起步阶段,人们只追求经济的快速发展而不顾行业的建立是否对环境有污染。当经济发展到更高水平,收入上升,人们的环境保护意识不断增强,开始重视环境问题。所以,社会将进行产业结构升级和

---

[1] Fatai, K., Oxley, L., and Scrimgeour, F.G. Modelling the Causal Relationship Between Energy Consumption and GDP in New Zealand, Australia, India, Indonesia, the Phillippines and Thailand [J]. Mahematics and Computers in Simulation, 2004, 64: 431-445; Yoo, S.H., The Causal Relationship Between Electricity Consumption and Economic Growth in the ASEAN Countries [J]. Energy Policy, 2006, 34(18): 3537-3582.

[2] Grossman, G.M., and Krueger, A.B. Environmental Impacts of A North American Free Trade Agreement [C]. NBER Working Paper, 1991, 3914: Cambridge, MA.

[3] EKC假说认为,环境质量指标与经济增长之间不是存在单纯的正负相关的线性关系,而是呈现倒U形的曲线关系,也就是一个国家或地区环境质量是随着经济的增长先恶化后改善的。

资源合理配置，治理污染，二氧化碳等温室气体的排放量也随着经济的增长先上升而后下降。

环境库兹涅茨曲线假说引起环境经济学家之间很大的争论，洛佩兹（Lopez）认为链接这些争论的关键是EKC的存在需要满足一定的条件：消费的边际效用不变或者减少、污染的边际负效应提高、污染边际损害不变或提高、边际减排成本提高。① 塞尔登和松（Selden & Song）、科尔等（Cole et al.）、斯特恩和康芒（Stern & Common）以及伽勒噢和兰萨（Galeottia & Lanza）等的研究结论都支持了存在EKC曲线的研究假说。② 然而，不管是考夫曼等（kaufmann et al.）、阿加西和查普曼（Agras & Chapman）等采用二氧化硫还是锡格内特和考夫曼（Richmond & Kaufmann）、赫和理查德（He & Richard）采用二氧化碳作为测量环境指标进行研究，都发现不存在EKC的曲线关系。③

对于东盟国家的相关研究表明，经济增长和环境污染之间的倒U型

---

① Lopez, R. The Environment as a Factor of Production: The Effects of Economic Growth and Trade Liberalization [J]. Journal of Environmental Economics and Management, 1994, 27:163-184.

② Selden, T, and Song, D. Environmental Quality and Development: Is There A Kuznets Curve for Air Pollution Emissions? [J]. Journal of Environment Economics and Management, 1994, 27(2): 147-162; Cole, M.A., Rayner, A.J., and Bares, J.M. The Environmental Kuznets Curve: An Empirical Analysis [J]. Environment and Development Economics, 1997, 2(4): 433-450; Stern, K.L, and Common, M.S. Is There An Environmental Kuznets Curve for Sulful [J]. Journal of Environment Economics and Management, 2001, 41(2): 162-178; Galeottia, M, and Lanza, A. Desperately Seeking Environmental Kuznets [J]. Environmental Modelling & Software, 2005, 20(11): 1379-1388.

③ Kaufmann, R.K., Davidsdottir, B, Garnham, S, and Pauly, P. The Determinants of Atmospheric SO_2 Concentrations: Reconsidering the Environmental Kuznet Curve [J]. Ecological Economics, 1998, 25(2): 209-220; Agras, J, and Chapman, D. A Dynamic Approach to the Environmental Kuznets Curve Hyothesis[J]. Ecological Economics, 1999, 28(2): 267-277; Richmond, A.K., and Kaufmann, R.K. The Is There A Turning Point in the Relationship Between Income and Energy Use and/or Carbon Emissions? [J]. Ecological Economics, 2006, 56(2): 176-189; He and Richaerd. Environmental Kuznet Curve for CO2 in Canada[J]. ECON Working Papers, 2009: Q53.

关系得到模型和数据的支持。①利恩和史密斯（Lean & Smyth）对东盟国家二氧化碳排放、电力消费与产出之间关系的研究表明存在东盟国家EEC曲线。②各国经济基本上沿袭了"先发展经济，后治理环境"的发展道路，二氧化碳排放量是随着经济发展出现先上升后下降的情况。但是，二氧化碳的排放量到底在什么时候会到达最高点，这是一个难于界定的问题，可能不同国家、不同阶段和不同外部因素影响是不一样的，利恩和史密斯（Lean & Smyth）认为东盟五国CEC曲线的拐点已出现。

（二）能源消费、经济增长与碳排放关系实证研究

目前，探索能源消费、经济增长与碳排放三者关系的研究大部分都是基于发达国家或地区。索伊塔和莎丽服（Soytas & Sari）、索伊塔等（Soytas et al.）、安格（Ang）分别以欧盟、美国、法国和为样本进行研究，也有少数以发展中国家或地区为研究对象。③近年来，学者也开始

---

① Focacci, A. Empirical Analysis of the Relationship Between Total Consumption-GDP Ratio and Per Capita Income for Different Metals: The Case of Brazil, China and India [J]. International Journal of Social Economics, 2005, 34(9): 612-636; Marzio, G. Reassessing the Environmental Kuznets Curve for CO_2 Emission: Arobustness Exercise[J]. Ecological Economics, 2006, 57(1): 152-163; Ozturk, I, and Acaravci, A. An Application of Thirlwall's Law to the South African Econmoy: Evidence from ARDL Bounds Testing Approach [J]. African Journal of Business Management, 2010, 4(2): 262-266.

② Lean, H.H., and Smyth, R. CO_2 Emission, Electricity Consumption and Output in ASEAN [J]. Applied Energy, 2010,87: 1858-1864.

③ Soytas, U., and Sari, R. Energy Consumption, Economic Growth, and Carbon Emissions: Challenges Faced by An EU Candidate Member [J]. Ecological Economics, 2007, 6:1-9.Soytas, U., Sari, R., and Ewing, B.T. Energy Consumption, Income, and Carbon Emissions in the United States Ang, J.B. CO_2 Emissions, Energy Consumption and Output in France [J]. Energy Policy, 2007, 35: 4772-4778; [J]. Ecological Economics, 2007, 62: 482-489; Soytas, U., and Sari, R. Energy Consumption, Economic Growth, and Carbon Emissions: Challenges Faced by An EU Candidate Member [J]. Ecological Economics, 2007, 6:1-9.

关注发展中国家，帕奥和蔡（Pao & Tsai）使用面板协整方法，对金砖四国（巴西、中国、印度和俄罗斯）1971—2005年间能源消费、总产出与碳排放动态关系进行比较，结果发现三者之间都存在长期双向的格兰杰因果关系，同时存在从碳排放到总产出以及从能源消费到总产出的单向格兰杰因果关系。[①] 利恩和史密斯（Lean & Smyth）以1980—2006年为样本，对东盟五国二氧化碳排放、电力消费与经济增长之间关系进行分析，结果表明，从电力消费到经济增长以及碳排放到经济增长都存在长期单向的格兰杰因果关系，从碳排放到电力消费则存在短期的格兰杰因果关系。[②] 多数研究则基于单个国家数据的国别研究，如安格（Ang）对法国、安格（Ang）对马来西亚、哈利茨甘露（Halicioglu）对土耳其以及张和郑（Zhang & Cheng）对中国的研究。[③] 结论都表明三者之间两两存在一定的因果关系，而具体是单向或是双向关系，是长期或是短期关系都不一致。

三、能源与碳排放效率因素分解分析

能源效率和碳排放效率的改进是提高经济增长质量的重要途径，那么，如何才能提高能源和碳排放效率？魏楚和沈满洪（2009）归纳

[①] Pao, H.T., and Tsai, C.M. CO_2 Emissions, Energy Consumption and Economic Growth in BRIC Countries[J]. Energy Policy, 2010, 38: 7850-7860.

[②] Lean, H.H., and Smyth, R. CO_2 Emission, Electricity Consumption and Output in ASEAN [J]. Applied Energy, 2010, 87: 1858-1864.

[③] Ang, J.B. CO_2 Emissions, Energy Consumption and Output in France [J]. Energy Policy, 2007, 35: 4772-4778; Ang, J.B. Econmoic Development, Pollutant Emissons and Energy Consumption in Malaysia [J]. Journal of Policy Modeling, 2008, 30: 271-278; Halicioglu, F. An Econometric Study of CO_2 Emissions, Energy Consumption, Income and Foreign Trade in Turkey[J]. Energy Policy, 2009, 37: 1156-1164; Zhang, X.P, and Cheng, X.M. Energy Consumption, Carbon Emissions, and Economic Growth in China [J]. Ecological Economics, 2009, 68: 2706-2712.

了前人相关研究后得出的影响因素主要包括：经济发展水平因素、结构要素、效率要素、市场要素等。① 然而，实证研究中具体考虑哪些因素，与研究工具的选择关系巨大。探索影响能源与碳排放效率的因素，因素分解是被广泛使用的方法，常见因素分解法有拉氏因素分解法和迪氏因素分解法两种。由于这两种分解方法会造成分解残差，不能对变量进行完全的解释。孙（Sun）首先提出完全因素分解模型，该方法与以前因素分解不同之处在于没有残差项，解决了残差项中不确定的影响因素。②

许多能源经济学家已经采用不同指数分解方法对于能源与碳排放相关问题进行研究，包括比较不同国家和地区的影响因素分析，最近的相关研究基本都采用这种方法。③ 以欧盟国家为研究对象，凯奥和卢坎恩（Kaivo-oja & Luukkanen）比较1960—1998年间欧盟国家能源与碳排放强度的因素贡献情况，结果发现，挪威与欧盟其他国家贡献情况差别巨大。④ 孙（Sun）则比较了芬兰与瑞士两个具有类似社会形态、政治系统与环境保护计划的国家，探索其能源使用情况差距巨大的原因，通过完

---

① 魏楚、沈满洪：《规模效率与配置效率：一个对能源低效的解释》[J]，《世界经济》2009年第4期，第84—96页。

② Sun, J.W. Changes in Energy Consumption and Energy Intensity: A Complete Decomposition Model [J]. Energy Economics, 1998, 20: 85-100.

③ Schipper, L., and Meyers, S. Energy Efficiency and Human Activity: Past Trends and Future Prospects [M]. Cambridge: Cambridge University Press, 1999; Unander, F., Karbuz, S., Schipper, L., Khrushch, M., and Ting, M. Manufacturing Energy Use in OECD Countries: Decomposition of Long Term Trends [J]. Energy Policy, 1999, 27: 769-778; Liaskas, K., Diakoulaki, K., Mavrotas, G., and Mandaraka, M. Decomposition of Industrial CO_2 Emissions: The Case of European Union [J]. Energy Economics, 2000, 22: 383-394; Ang, B.W., and Zhang, F.Q. A Survey of Index Decomposition Analysis in Energy and Environmental Studies[J]. Energy, 2000, 25: 1149-1176; Bhattacharyya, S.C., and Matsumura, W. Changes in the GHG Emission Intensity in EU-15: Lessons from a Decomposition Analysis [J]. Energy, 2010, 35: 3315-3322.

④ Kaivo-oja, J., and Luukkanen, J. The European Union Balancing between CO_2 Reduction Commitments and Growth Policies: Decomposition Analyses [J]. Energy Policy, 2004, 32: 1511-1530.

全指数分解法,结果发现是在化石能源的使用上存在差别所造成的。[①] 凯奥和卢坎恩(Kaivo-oja & Luukkanen)同样采用完全因素分解法,比较分析1971—1997年间东盟各国能源与二氧化碳效率影响因素贡献率情况,结果发现:(1)在东盟各国能源使用与碳排放的强度效应方面差别巨大,经济活动效应与结构效应则差别不大;(2)1990年后二氧化碳排放的强度效应一直上升,意味着二氧化碳排放效率不断降低;(3)工业化加快影响各国能源强度上升,而导致能源需要不断增长,二氧化碳排放量必然持续上升。[②]

四、能源战略、能源合作与可持续发展

对于东盟国家能源经济与环境问题的研究大部分都是概况性介绍与政策性研究,多采用定性分析方法,实证研究比较少。

(一)能源战略与政策

一般而言,政策是国家解决能源需求问题、保护环境和维持经济可持续发展的重要工具。佩拉瑟特珊和萨伽库奴奇特(Prasertsan & Sajjakulnukit)认为生物能源是泰国开发可再生能源的第一选择,法律和财政的支持是泰国开发和使用生物能源的重要保障。[③] 张(Zhang)通

[①] Sun, J.W. An Analysis of The Difference in CO_2 Emission Intensity between Finland and Sweden [J]. Energy, 2000, 25: 1139-1146.

[②] Luukkanen, J., and Kaivo-oja, J. ASEAN Tigers and Sustainability of Energy Use—Decomposition Analysis of Energy and CO_2 Effciengy Dynamics [J]. Energy Policy, 2002, 30: 281-292.

[③] Prasertsan, S., and Sajjakulnukit, B. Biomass and Biogas Energy in Thailand Potential, Opportunity and Barriers [J]. Renewable Energy, 2006, 31: 599-610.

过比较亚洲国家能源与环境政策，表明政策对保护环境与促进经济增长起至关重要的作用。① 玛南等（Manan et al.）则通过分析能源效率奖励系统（政策支持）介绍日本、美国、德国、加拿大等发达国家以及菲律宾、新加坡和泰国等东盟区域内国家的成功经验，提出了马来西亚能源效率奖励系统实施的框架。② 另外，斯达瑶（Siddayao）说明了东盟国家能源政策存在的问题，以及对其他发展中国家的启示。③

郑慕强（2010）通过能源供需、能源强度、能源利用效率、能源安全、能源合作和环境污染等几方面对东南亚国家能源经济进行了全面剖析，④ 其他学者则从国别角度进行研究，汪慕恒（1998）分析了印度尼西亚石油供需情况以及能源消费对经济发展的作用。⑤ 孙任金等（2008）则从能源合作角度，分析了印度尼西亚能源石油天然气开发管理的政策与战略。⑥ 张俊勇（2009）通过全面分析泰国能源存在的问题，说明泰国制定科学合理能源政策是非常必要的。⑦ 江怀友等（2009）介绍了马来西亚国家石油公司（PETRONAS）作为国家全资所有的上下游一体化的综合性石油公司的经验概况，阐述了通过公司战

---

① Zhang, Z.X. Asian Energy and Environmental Policy: Promoting Growth While Preserving the Environment [J]. Energy Policy, 2008, 36: 3905-3924.
② Manan, Z.A., Shiun, L.J., Alwi, S.R.W., Hashim, H., Kannan, K.S., Mokhtar. N., and Ismail, A.Z. Energy Efficiency Award System in Malaysia for Energy Sustainability [J]. Renewable and Sustainable Energy Reviews, 2010, 14: 2279-2289.
③ Siddayao, C.M. Energy Policy Issues in Developing Countries: Lessons from ASEAN's Experience [J]. Energy Policy, 1988, (12): 608-620.
④ 郑慕强：《东盟国家能源经济的总体特征、问题及展望》[J]，《东南亚纵横》2010年第8期，第30—33页。
⑤ 汪慕恒：《印度尼西亚的石油供需关系与经济发展》[J]，《南洋问题研究》1998年第1期，第65—71页。
⑥ 孙任金、陈焕龙、吕佳桃：《印度尼西亚石油天然气开发管理与对外合作》[J]，《国际经济合作》2008年第8期，第81—86页。
⑦ 张俊勇：《当代泰国的能源问题》[J]，《南洋问题研究》2009年第1期，第12—18页。

略,拓展石化领域的经验,并实施全球化经营战略。① 吴崇伯(2010)介绍印度尼西亚油气产业的发展概况,分析该国积极重组石油产业,配合发展天然气产业链,对油气产业管理体制与产业政策进行调整与改革的情况。②

(二)能源合作与能源安全

余(Yu)从大湄公河次区域国家(GMS)的能源合作与可再生能源开发利用的角度,探讨了东盟地区能源安全与环境相关问题。③ 尼古拉(Nicolas)介绍了过去东盟国家区域内能源合作取得的成就,详细分析了东盟国家现有的区域内能源合作项目,包括合作方式以及规模,并对未来合作前景进行展望。④ 从指标测量的角度,瓦特查里和斯里斯拉(Watchare—jyothin & Shrestha)基于Markal模型研究了老挝与泰国进行电力贸易合作对双边能源安全和环境的影响。⑤ 吉奥吉亚(Vivoda)则是采用能源供给、需求管理、环境、政策等11个项目来评价亚太地区能源安全情况,并提出了通过能源合作解决能源安全的重要途径。⑥ 松瓦库欧(Sovacool)则从东盟区域天然气管道(TAGP)网络出发,详细介

---

① 江怀友等:《马来西亚国家石油公司发展战略与管理》[J],《中外能源》2009年第5期,第25—29页。
② 吴崇伯:《印度尼西亚油气产业的发展与改革》[J],《东南亚研究》2010年第6期,第17—23页。
③ Yu, X.J. Regional Cooperation and Energy Development in the Greater Mekong Sub-Region [J]. Energy Policy, 2003, 31: 1221-1234.
④ Nicolas, F. ASEAN Energy Cooperation: An Increasingly Daunting Challenge [R]. Note De L'lfri, 2009, 9: 1-36.
⑤ Watcharejyothin, M., and Shrestha, R.M. Regional Energy Resource Development and Energy Security under CO_2 Emission Constraint in the Greater Mekong Sun-Region Countries (GMS) [J]. Energy Policy, 2009, 37: 4428-4441.
⑥ Vivoda, V. Evaluating Energy Security in the Asia-Pacific Region: A Novel Methodological Approach [J]. Energy Policy, 2010, 38: 5258-5263.

绍促成东盟区域内天然气管道网络建成的4个因素,即经济发展、创造外汇储备、环境管理问题和能源安全问题,并提出影响未来网络发展面对的技术、经济、法律、政策、社会和环境等方面的挑战。①

曹云华(2000)通过分析东盟国家对能源供需情况和该地区能源发展形势,提出确保地区能源安全,东盟国家新的能源战略应该包括两方面:一是向海上要能源;二是实现能源多元化。②张学刚(2004)则从国别的角度,全面分析了东南亚各国的能源安全战略制定与实施情况。③张明亮(2006)以油气为例,说明地缘之便有利于双边能源合作的发展,同时指出确保石油通道安全,特别是马六甲海峡安全合作以及在泰国如何开辟替代石油通道是关键。④杨海(2007)认为加强我国与东南亚国家的能源合作,对我国能源安全战略具有重大的意义,体现在对我国能源进口的多元化、运输安全、能源相关机构融资、进行能源多种交易等。⑤廖小健(2009)则以马来西亚为例,说明我国与马来西亚进行能源合作的可行性与安全战略意义。⑥

(三)可再生能源开发与可持续发展

卡尔基等(Karki et al.)介绍了东盟国家能源供给与需求概况,从能

---

① Sovacool, B. A Critical Stakeholder Analysis of the Trans-ASEAN Gas Pipeline (TAGP) Network [J]. Land Use Policy, 2010, 27: 788-797.
② 曹云华:《东南亚国家的能源安全》[J],《当代亚太》2000年第9期,第25—30页。
③ 张学刚:《东南亚各国能源安全战略》[J],《国际资料信息》2004年第2期,第37—40页。
④ 张明亮:《中国—东盟能源合作:以油气为例》[J],《世界经济与政治论坛》2006年第2期,第70—75页。
⑤ 杨海:《论我国与东南亚能源合作的几个问题》[J],中国社会科学院研究生院学报,2007年第2期,第129—134页。
⑥ 廖小健:《马来西亚能源发展与中马能源合作》[J],《亚太经济》2006年第3期,第49—52页。

源投资和能源安全两方面分析东盟国家可持续发展情况,通过空气污染和能源利用效率角度来说明东盟国家的环境问题,最后提出了该地区维持可持续发展的建议,即加大水电资源、生物能、地热能和太阳能的开发利用,通过多种途径提高能源利用效率,加强区域内外能源合作以及环境管理。① 埃利奥特(Elliott)详细探讨了东盟国家环境问题与可持续发展现状及面临的挑战。② 利杜拉等(Lidula et al.)也系统分析了东盟10国清洁能源和可再生能源的存量和利用情况及存在的挑战。③

阿卜杜拉(Abdullah)认为东盟国家能源消费必须逐步实现从传统能源(三大化石能源)到可再生能源的转化,并提出了开发利用生物能、太阳能和风能的一些建议。④ 穆卢盖塔等(Mulugetta et al.)通过对泰国电力部门的分析,重点指出新能源对电力行业未来发展的重要性。⑤ 卡洛斯和卡安(Carlos & Khang)则认为,从东盟国家已经建立的生物能源项目的基本特征可以看出,生物能源已被公认为东盟国家发展可再生能源的源泉所在。⑥ 加法尔(Jaafar)以马来西亚为例,展望东盟国家其他可再生能源的开发利用,包括太阳能、地热能和风能等绿色能源。⑦ 萨

---

① Karki, S.K., Mann, M.D., and Salehfar, H. Energy and Environment in the ASEAN: Challenges and Opportunities [J]. Energy Policy, 2005, 33: 499-509.

② Elliott, D.Energy Efficiency and Renewables [J]. Energy and Environment, 2004, 15(6): 1099-1105.

③ Lidula, N.W.A., Mithulananthan, N., Ongsakul, W., Widjaya, C., and Henson, R. ASEAN towards Clean and Sustainable Energy: Potentials, Utilization and Barriers [J]. Renewable Energy, 2007, 32: 1441-1452.

④ Abdullah, K. Renewable Energy Conversion and Utilization in ASEAN Countries [J]. Energy, 2005, 30: 119-128.

⑤ Mulugetta, Y., Mantajit, N., and Jackson, T. Power Sector Scenarios for Thailand: An Exploratory Analysis 2002-2022 [J]. Energy Policy, 2007, 35: 3256-3269.

⑥ Carlos, R.M., and Khang, D.B. Charaterization of Biomass Energy Projects in Southeast Asia [J]. Biomass and Bioenergy, 2008, 32: 525-532.

⑦ Jaafar, M.Z, Kheng, W.H., and Kamaruddin, N. Greener Energy Solutions for A Sustainable Future: Issues and Challenges for Malaysia [J]. Energy Policy, 2003, 31: 1061-1072.

伽库奴奇特等（Sajjakulnukit et al.）针对东盟各国生物能源情况，总结了泰国生物能源的可持续发展及挑战。① 休伊特等（Shuit et al.）也认为油棕榈树（oil palm）生物能源是马来西亚维持能源可持续发展和能源安全的源泉。② 塔斯莫和松井（Tashimo & Matsui）则详细分析核能对亚洲未来环境、经济发展以及能源安全问题的意义。③

可再生能源开发与可持续发展需要政策与组织支持，史蒂文森（Stevenson）介绍了由美国国际开发总署（USAID）于1992创立的东盟能源改善项目（ASEAN-EIP）④的基本现状，存在的问题以及未来发展趋势。⑤ 随后，以菲律宾为例子，分析东盟能源改善项目的建立对菲律宾降低污染所起的作用。⑥ 瓦特查里和斯里斯拉（Watchare-jyothin & Shrestha）以大湄公河次区域国家（GMS）为例，分析了在二氧化碳排放约束下区域能源资源开发和能源安全情况。⑦

---

① Sajjakulnukit, B., Yingyuad, R., Maneekhao, V., Pongnarintasut, V., Bhattacharya, S.C., and Salam, P.A. Assessment of Sustainable Energy Potential of Non-Plantation Biomass Resources in Thailand [J]. Biomass and Bioenergy, 2005, 29: 214-224.
② Shuit, S.H, Tan, K.T., Lee, K.T., and Kamaruddin, A.H. Oil Palm Biomass as A Sustainable Energy Source: A Malaysian Case Study [J]. Energy, 2009, 34: 1225-1235.
③ Tashimo, M., and Matsui, K. Role of Nuclear in Environment, Economy, and Energy Issues of the 21th Century-Growing Energy Demand in Asia and Role of Nuclear [J]. Progress in Nuclear Energy, 2008, 50: 103-108.
④ 该项目建立时包含东盟6个成员国：泰国、印度尼西亚、马来西亚、新加坡、文莱和菲律宾（即东盟5国+文莱），该项目建立的目的主要是帮助东盟地区进行环境管理，核心思想是清洁生产，包括从供应链各个环节的管理。该项目运作非常复杂，具体包括技术转移和贸易、政策改善、区域辐射、技术和管理示范等。
⑤ Stevenson, R.S. Impact of the ASEAN Environmental Improvement Project (ASEAN-EIP) on the Adoption of Waste Minimization Practices in the Philippines [J]. Journal of Cleaner Production, 2004, 12: 297-303. (a)
⑥ Stevenson, R.S. An Assessment of the Design and Effectiveness of the ASEAN Environmental Improvement Program [J]. Journal of Cleaner Production, 2004, 12: 227-236. (b)
⑦ Watcharejyothin, M., and Shrestha, R.M. Regional Energy Resource Development and Energy Security under CO_2 Emission Constraint in the Greater Mekong Sun-Region Countries (GMS) [J]. Energy Policy, 2009, 37: 4428-4441.

五、结语

国外学者对东盟国家能源经济与环境问题进行了卓有成效的研究。但是，与迅猛发展的世界经济与贸易相比，世界能源资源紧缺以及环境问题凸显的现实相当严峻，对这一个问题的研究仍显薄弱，还有许多方面有待进一步研究。

首先，对于能源政策、能源安全和能源合作等研究更多是要结合政治和历史交叉学科的内容和方法，不单单是纯经济学的研究，这也是现有研究的一大不足。

其次，在实证研究方面，怎么拓展对环境问题的测量将是重点和难点，与现在普遍采用二氧化碳来量化环境相比，能否采用更为全面和细化的指标，直接决定研究结论的可信度。另外，缺乏比较不同能源结构，石油、煤炭、电力和可再生能源等对经济发展和环境作用的影响。

最后，区域性研究较少，特别是实证研究更少。随着区域经济合作的不断形成和强化，比如中国—东盟自由贸易区、金砖五国等，能源和环境合作、安全战略与可再生能源联合开发等的研究也将是未来热点。

热点分析

冷战后泰南穆斯林分离运动

厦门大学南洋研究院教授　李一平
湖南人民出版社编辑　吴向红

泰南同马来西亚相邻的北大年、也拉和陶公三府,居住着300多万穆斯林,约占全国人口的5%。他们属马来族,信仰伊斯兰教,讲马来语。历史上,包括今天泰国南部在内的整个马来半岛受马来人管辖。1902年,南部的穆斯林王国北大年正式并入当时称为暹罗的泰国。1938年,泰国政府的同化政策,引发马来族大规模叛乱。20世纪50年代,北大年统一解放组织、全国革命阵线等分离组织兴起,打着复国(即北大年王国)旗号进行武装斗争。这些组织同穆斯林祈祷团和自由亚齐运动等穆斯林极端组织有联系,另有证据显示泰南穆斯林组织,尤其是北大年统一解放组织的成员,曾经在阿富汗和巴基斯坦受训。进入20世纪80年代,政府实行民族和解和加强征剿并重的软硬兼施政策,分离叛乱逐渐沉寂,2004年1月24日泰国马来族穆斯林聚居的南部诸府局势骤然紧张,沉寂多年的泰南民族分离势力重新抬头,频频爆发的流血事件意味着自20世纪80年代以来平稳的泰南局势已成为历史,分离主义的幽灵再度在泰国南部徘徊。

一、泰南穆斯林分离运动的复兴

进入21世纪以来，由于东南亚地区伊斯兰原教旨主义的兴起和国际恐怖主义的扩散，泰南分离主义运动再次暗流涌动，并在"9·11"恐怖袭击事件和巴厘岛爆炸案后逐渐浮出水面。泰南分离活动自2001年他信政府成立时便开始趋于活跃，2002年初，他信政府裁撤了南疆各府管理中心和南疆治安前沿指挥部，并委任缺乏经验的警察部队接管了历来由第四军掌握的南疆治安监管权。这一举措削弱了泰国政府对南疆地区的掌控能力，伺机而动的泰南分离主义组织于是乘势而起，袭击事件迅速上升。"9·11后泰国积极追随美国主导的反恐战争、派兵进驻伊拉克，也让很多穆斯林极为愤慨。在很多穆斯林看来，美国主导的所谓反恐，实际上是对世界范围内穆斯林的打压与迫害，因而很多人认为泰国参战就是为取悦美国。"① "新仇"加"旧恨"，泰南局势日趋严重。

2004年1月4日，泰南穆斯林分离分子在陶公府11个县同时发动袭击，一夜之间纵火焚烧了20余所学校、突袭2处警亭和1处军火库、杀害4名守卫士兵并劫走了300多支枪械和相当数量的弹药。军队发言人宣布，"这次袭击是三个分离主义团体——PULO（北大年统一解放组织——作者注）、BRN（全国革命阵线——作者注）和Mujahideen(穆斯林圣战组织——作者注)的联合行动。"② 此后，恐怖袭击事件在泰国南疆全面铺开。据不完全统计，从"一·四事件"到4月中，泰国南疆地区发生近500起纵火、爆炸、暗杀等袭击事件，至少造成平民和安全人

---

① 茶文诗：《泰国南部冲突频起》，《世界知识》2004年第3期，第29页。
② Syed Serajul Islam, *The Politics of Islamic Identity in Southeast Asia*. Malaysia: Thomson Learning (a division of Thomson Asia Pte.Ltd.), 2005, p.89.

员66人丧生，68人受伤。① 4月28日凌晨，激烈的枪声在宋卡、也拉和北大年三府多处同时响起，几百名身着黑衣、手持武器的武装分子向15处军方据点、警察岗亭发动猛烈进攻。这次的袭击者与上次有很大不同：他们多数是年轻人（年龄大概是10多岁或20多岁）、醉心于分离主义事业，尽管武器装备落后，但他们愿意为他们的事业献出生命。② 他们是一个叫做Hikmat Allah Abadan（Brotherhood of Eternal Judgement of God）组织的成员，该组织是由一个在也拉出生、在印度尼西亚接受教育的宗教教师组建的。组织纪律严明，所有成员必须无条件向他们的领导人效忠，他们被要求按着《古兰经》发誓保守组织秘密，不泄漏任何与组织成员、行动或计划有关的事。最激烈的战斗发生在北大年府中心的克鲁瑟清真寺。冲突中107名暴徒被打死、17人被捕，有三名警察和两名士兵身亡。

随着袭击事件的迅速增加，他信政府被迫向国际社会承认泰国再次面临分离主义威胁，并加紧推行抚剿并举的"铁拳与天鹅绒手套"政策。③ 但他信政府的政治努力却未能收效，泰南局势进一步恶化。10月25日上午，100多名（下午达到2000多人）当地居民聚集在陶公府达拜(Takbai)县警署外，要求释放被警方拘押的6名涉嫌参与劫枪的疑犯。在谈判破裂后，示威者与当地军警发生了严重冲突，造成6人当场死亡、17人受伤和1300多人被捕。在军方将被捕示威者转移到邻近的北大年军营的途中，由于军方的"疏忽"，发生了因军车过于拥挤而导致78人窒

---

① 曼谷随笔：《泰国的"南"题》，[泰国]《星暹日报》，2004年5月7日。
② "Southern Thailand: Insurgency, Not Jihad", Crisis Group Asia Report, p.21. 2005年5月18日。
③ Andrew Perrin & Magesway Ramakrishnan, "Southern Front", Time, 2004-10-18.

息死亡的惨案。① "达拜惨案"激起了分离活动的新高潮，从10月底开始，爆炸、纵火和暗杀事件接连不断，泰南局势骤然紧张。

2005年10月26日，泰南穆斯林叛乱分子对泰南约60个目标发动夜间连环袭击，抢走90多支枪械并造成至少7人死亡。"这次连环攻击是穆斯林叛乱分子显示其实力的最大攻击行动之一，也使自去年1月分离分子在泰南发动叛乱以来的死亡人数超过1100人。"② 2006年8月31日，泰国南部发生23起针对当地银行的连环爆炸，造成至少1死亡，10多人受伤。2006年9月16日泰国南部宋卡府首府合艾市发生连环爆炸事件，导致至少5人死亡，60多人受伤。2007年以来泰国南部不靖事件与日俱增，继4月5日分裂分子用炸弹袭击清真寺后，6日又枪杀4名无辜穆斯林平民。分离分子还纵火烧毁了北大年的一所学校。"泰南也拉、北大年和陶公三府自2004年爆发不靖事件以来，已有超过二千人丧命于各种爆炸、枪击事件之中，死者大多数是平民百姓。"③

泰南穆斯林分离运动与以往相比表现出显著的差异性：（一）明显的宗教极端主义色彩。泰南穆斯林分离运动的再次抬头，尽管从基本诉求层面而言，仍主要是因社会文化差异和地区发展不平衡而引发的要求民族自治权的政治问题，但与既往相比，却已因国际伊斯兰教极端主义势力的渗透而带有明显的宗教极端主义色彩。20世纪七八十年代的泰南分离主义运动，在追求北大年独立的分离主义活动中所高举的主要是"民族主义"旗号，而非"宗教主义"。而当前的泰南分离主义运动，却是以维护伊斯

---

① Robert Horn, "Thailand's Bloody Monday", *Time*, 2004-11-08.
② 《泰南部不靖事件与日俱增，又有四名平民被枪杀》，2007年4月6日，http://www.gznet.com/news/。
③ "Southern Thailand: Insurgency, Not Jihad", Crisis Group Asia Report, p.26. 2005年5月18日。

兰教为第一要务。（二）泰南分离主义活动的袭击目标也开始与过去有所不同，虽然仍将中央政府的统治工具作为主要攻击目标，如军营、警局、法院、学校、政府大楼以及公务员和军警等，而已逐渐将反映宗教差异的目标列入攻击范围，其中甚至包括信奉佛教的马来平民。（三）以抢夺枪支为主，涉案人员以年轻人居多。泰国地处东南亚的中间地带，成为非法武器走私的中枢，泰南和中部7府均为非法武器运输的中转站。2003年10月，由于泰国政府开展清剿非法武器行动，一些犯罪集团很难获得枪支，因此就通过大规模袭击行动来抢劫枪支弹药。[①]而这些袭击活动的从事者主要是15—20岁的年轻人。（四）分离势力与宗教极端势力、恐怖势力交织在一起。

泰国他信政府处理泰南马来穆斯林分离运动的总体思路是推行抚剿并举的"铁拳与天鹅绒手套"政策。一方面，他信政府加强了对南疆地区的管制。"一·四事件"后，宣布南部3省戒严并关闭了这一地区所有的公立学校，同时从国内其他地区紧急征调军警武装部队协防南疆地区，并责成国家情报办公室与三军情报部门协调，共同加强南疆地区的情报收集分析工作；严密监视GMIP（北大年伊斯兰圣战运动——作者注）、BRN和PULO主要成员的活动。[②]从2005年7月开始，取消"戒严令"，在那拉提瓦、北大年和也拉3府实施"紧急状态下行政管理法"（简称"紧急状态法"），以更好地维持当地治安，制止暴力事件。此外，由于泰南马来穆斯林分离主义组织的本部大多设在马来西亚北部各

[①] 方金英、马燕冰：《泰南动乱的来龙去脉》，《国际资料信息》2004年第7期，第29页。
[②] "Thailand Islamic Insurgency", http://www.globalsecurity.org/military/world/war/thailand2.htm.

州，为此他信政府开始寻求与马来西亚在地区安全领域特别是边境管制方面的合作。另一方面，他信与之后的泰国政府加大了对南疆地区的投资开发力度。2005年3月，他信政府在北大年召开的特别内阁会议上宣布，将在3年内投入280亿泰铢（约合70亿美元），启动4项战略发展计划，全面推进南部地区社会经济的发展。2009年，阿披实政府打算批准总值540亿泰铢的预算，推动300项计划，希望通过发展南部3府的经济，能切实提高当地民众的生活水平，平息分离主义者制造的动乱。

但政府的铁腕手法也招致了很多非议。因为他信强调镇压行动的正当性，如他在"四·二八事件"后称赞军队的快速反应，他对军队血腥镇压的反应是"我们取得了胜利"。[①] 在达拜事件发生后，他信把78人的死亡原因归咎于穆斯林在斋月期间的过度绝食所致。他信政府在泰南问题上采用的严酷手段以及不负责任的言论招致了国内外的一致谴责，达拜事件也进一步加深了马来穆斯林对政府的不信任。但即使是遭到了国内外的批评，他信总理仍然主张"政府的政策本身没有错，在实行方面当地政府的对付方法有问题"，而没有言及自己的责任。[②] 其次，泰国政府纵容安全部队采用非常手段对付穆斯林嫌疑分子，如严刑拷打嫌疑人，并让他们在人间蒸发等。在实施"紧急状态法"期间，禁止居民外出，禁止集会，检查、监督甚至禁止新闻报道、封锁公路、强制移民以及进入民宅搜查等行动也在穆斯林中引起了恐慌，泰南穆斯林纷纷外逃，如2005年8月30日就有131名泰南穆斯林前往马来西亚寻求庇护。他

---

① [日]玉置充子：《泰国南疆伊斯兰恐怖组织与他信政权》，《南洋资料译丛》2005年第4期，第39页。
② 《泰国批准在南部三府实施紧急状态法》，新华网，2005年7月19日。

信采取严厉措施对付泰南穆斯林分离势力的举动也引起了邻国印度尼西亚和马来西亚的不满,泰南局势依旧严峻。

2006年初,泰国政坛维持了数年的稳定局面被打破,政局陷入严重动荡,社会矛盾也随之凸显。泰国军警在陆军司令颂提的领导下,于9月19日发动政变,推翻了他信总理领导的看守政府,成立以素拉育为总理的临时政府。在泰南问题上,与他信政府时期对南部马来穆斯林的严苛政策相比,素拉育过渡政府采取了更加温和的宽容政策。首先,泰国过渡政府对南部马来穆斯林采取温和的抚慰政策。2006年11月初,素拉育总理访问北大年并为他信政府时期过度使用武力而道歉,表示"政府将以今日的资讯调整国家政策,官员也会以和平手段处理问题,并鼓励当地人积极参与"[1]。确保穆斯林占多数的也拉、北大年和陶公府地区获得公平的待遇;考虑允许在南部地区实行伊斯兰教法[2]。其次,素拉育政府主动与周边的穆斯林邻国修好,以争取他们在解决南部问题上对它的支持。泰国政府的主动示好赢得了马来西亚等国的积极响应。2007年2月,马来西亚总理巴达维专程访问泰国,与素拉育总理举行会谈,讨论加强合作,加快两国边境地区的发展,帮助结束泰南穆斯林地区持续了3年的分离叛乱活动。同时,素拉育政府整顿和重建南部秩序机构,在2006年11月1日恢复了炳·廷素拉暖政府20世纪80年代在南部设立的"泰南边境府行政中心"(SBPAC)(SBPAC主要解决南部边界地区

---

[1] 《防止泰南独立,素拉育禁将穆斯林激进分子列入黑名单》,2006年11月9日,http://www.singtaonet.com:82/euro_asia/t20061109_386383.html。

[2] 《泰国总理拟在泰南三府推行穆斯林法律,缓解教派冲突》,2007年2月1日,http://www.singtaonet.com/euro_asia/200702/t20070201_457559.html。

安全、促进边境地区发展、巩固边防，2002年被他信政府解散），修正他信时期在南部问题上的政策失误，这个新行政中心的宗旨仍然是为泰国南部催生"和平、和解及发展"。新行政中心将归属内政部管辖，它试图提供一个平台让政府官员、安全部队和当地民众代表持续进行三边会谈，解决三方面的歧见。最后，素拉育政府积极寻找机会与穆斯林分离组织进行谈判。尽管素拉育过渡政府试图通过协商、聆听、权力下放等柔和手段来化解泰南暴力，但南部局势仍然没有好转。泰南三府的爆炸声依旧不绝于耳，多名政府官员、教师、警察以及普通佛教徒被杀，多处政府办公机构、学校被焚毁，[1] 素拉育政府开展和谈的努力困难重重，这主要因为没有人知道跟政府对抗的激进分子到底是谁；影子般的叛乱者从来不表明对攻击事件负责，也不公开提出要求。自从2004年南部发生动乱以来，2007年是最血腥的年份。宋卡王子大学智库"南方纵深观察"说，该年有近800人被杀害，使得过去3年的总死亡人数增加到了2800人。泰南的和平前景一片暗淡。

2008年12月，阿披实政府上台以后，宣布"紧急"政策纲领，以处理泰国南部过去5年来动荡不安的局势，其中一项新政策是在泰南地区成立一个行政机构。阿披实也委任一名副首相，负责监管泰南局势。尽管泰国新总理阿披实誓言要对付南部的分离主义运动，但这个以穆斯林占多数的地区仍每天发生暴力冲突，已经历时5年的血腥冲突似乎没有结束的日子。泰国政治局势动荡，导致军方在南部地区不受约束，经常向泰南穆斯林分离主义分子施加酷刑和虐待，犯下许多触犯人权的事

---

[1] 《2007泰国多事之秋》，2007年4月24日，http://www.cafta.org.cn/shshshow1.asp?zs_id=38953。

件，而激进分子则转向使用更先进的科技来威胁社区安全。随着军方展开大规模的打击激进分子行动，死亡人数有所下降，但叛军却通过汽车和路边炸弹来加大攻击力度，而斩首和分尸的情况也持续不断。

2011年8月5日，英拉作为泰国为泰党总理候选人在泰国第24届国会下议院第二次会议上当选为泰国第28位总理，成为泰国历史上首位女总理。2004年以来，泰国南部分离主义武装活动频繁。仅在2012年8月31日，泰国南部陶公府和北大年府发生的连环炸弹案中，至少60个地方发现真假土制炸弹，其中十几处的炸弹爆炸，炸伤两名士兵。9月21日，北大年府发生汽车炸弹袭击案，导致至少六个人死亡，40多人受伤。2013年5月24日，北大年府发生炸弹袭击案，5名巡警被穆斯林叛军引爆的炸弹炸死。根据泰国"南部观察"组织统计，爆炸、枪击和绑架等暴力事件已造成超过5500人死亡、9000人受伤。英拉政府认识到要使该国向前发展，实现国家的民族和解是必须的，而实现民族和解首先需从宽容开始。民族和解必须基于平等、公平的原则且必须符合法律规范，而所有各方都必须从宽容和团结的愿望出发，才能成功地做到这一点。泰国政府副总理育他萨2012年8月16日宣布，政府正在同好几个武装组织进行"非正式会谈"，目的是要达成和平。

二、泰南穆斯林分离运动的发展趋势

泰南分离运动从分离主义发展为恐怖主义的危险自2004年以来变得越来越明显。

首先，泰南分离运动的复兴是在国际恐怖主义盛行的背景下出现的。从2001年的"9·11事件"至今,伊斯兰恐怖主义经历了一个由在全球向西方世界开战的全球化阶段转向以地区政治夺权为目标的地区化时期,他们利用具体国家的政治、经济和社会争端进行恐怖活动。泰国政府2008年1月18日首次承认,国际恐怖组织基地组织和贩毒分子为泰国南部的种族分离分子提供资助。政府发言人猜耶在新闻发布会上说:"当地局势近来紧张了,因为分离组织从海外,从国际恐怖组织基地组织那里得到资金。"他还说:"也有当地的毒品走私犯,涉及为激进分子提供金钱和武器帮助。"① 泰南恐怖活动的突然增多绝不能被看做是一个孤立现象。它可能预示着东南亚的恐怖暴力活动正在从海岛国家蔓延到陆上国家,而伊斯兰祈祷团成员在泰国的活动增加了这种危险。

第二,与以前分离活动的缺乏计划不同,目前的恐怖袭击更有组织性和计划性。自2004年1月以来的分离活动大都有严密组织和计划,他们从进攻到撤退井然有序;他们甚至声东击西,让政府执法部门疲于奔命。这些表明他们不再是几年前的乌合之众,而是受过专业训练的战斗小组。在袭击中他们以抢夺枪支弹药为主,如2004年1月4日,他们从政府军的武器库中抢走了364柄枪支,3月30日又从玛暖采石场夺走3吨高效炸药。而4月28日,他们对宋卡、也拉和北大年3府的11处军警据点发动攻击,目的也是抢夺武器。这让人们担心他们正在准备实施一场惊天动地的大行动。国际危机组织(ICG)在2009年6月的一份报告中披露,泰国南部的叛乱分子通过负责招募武装叛乱分子的组织"全国革命协调

---

① 《泰国政府:泰南叛军得到基地组织资助》,2008年1月19日,http://www.zaobao.com/yx/yx080119_502.shtml。

阵线"从当地穆斯林学校的学生中，招募1800—3000新人，加入武装组织，向他们灌输激进主义思想。

第三，袭击目标及手段的恐怖主义化。泰南各分离组织虽然在上个世纪的斗争中也开展暴力袭击和恐怖活动，但一般不针对无辜平民。20世纪80年代末以来，一些新的分离组织如"新北大年联合解放组织"和"北大年伊斯兰圣战组织"袭击的主要对象是国家公务人员、执法人员和教师等被认为对"马来认同"有威胁的人或地点。但是从2004年1月份以来，这些组织开始实施无差别的恐怖攻击活动，攻击目标从政府办公楼、警察局等扩大到街道、酒店、学校等场所，无辜平民的死伤人数大大增加。而且他们也将僧侣和寺庙当成袭击目标，这表明泰南的分离组织对其他宗教不再宽容和温和，其思想变得更加激进，分离组织正在向恐怖组织的方向发展。而且在袭击中，泰南穆斯林分离主义分子正在采用"基地"恐怖组织的战略，对平民任意攻击。与日俱增的流血暴力冲突事件显示，分离主义分子正日益受到伊斯兰极端主义的影响。

尽管泰国政府从一开始便对结束南部动乱充满信心，但目前看来，要平息南部动乱似乎仍需时日。

首先，暴力活动频繁、袭击范围有扩大趋势。泰南几乎天天都会发生暴力袭击事件，2004年以来，爆炸、枪击和绑架等暴力事件已造成超过5500人死亡、9000人受伤。而且暴乱区从最南端的陶公府向北蔓延，也拉、北大年、宋卡及合艾几乎都笼罩在暴乱的阴影中。2006年9月北大年伊斯兰圣战组织在合艾市发动6起连环炸弹袭击案，造成4人死亡、近百人受伤的惨剧；2007年3月17日，武装分子袭击了宋卡府一所宗教学校，造成3名穆斯林学生死亡，7名学生受伤；2013年5月以来，泰南北大年府发生3次武装袭击和爆炸案，造成8名平民死亡，5名巡警被炸死，2名士兵受伤。如果泰国政府不能采取有效措施安抚分离组织，动乱极有可能往北扩散到曼谷、往南波及北马吉兰丹等地。当然，目前还不是曼谷、清迈等中北部城市最易遭受袭击的时候，但一旦政府对南部的治理取得实质性效果，南部生存空间丧失后，那些恐怖分子将会孤注一掷，针对其他城市进行攻击，制造新的祸端以发泄不满，曼谷、清迈等地的风险也将随之增加。

第二，短期内无法解决的南部贫困问题仍然是滋生分离主义的温床。在过去一个多世纪里，南部的贫困问题一直没有解决。主导南部经济的仍然是非穆斯林的泰人和华人，南部省份人均收入低于相邻的非穆斯林地区。尽管他信政府在泰南动乱发生后在经济上对南部实行优惠政策，政府拨出专项资金，发展经济，增加就业，但已缓不济急。陶公府的伊斯兰教领袖认为，"短期内难以平息民愤，即使政府采取抚恤政策，也难以在短期内重赢民心。"而他信政府时期采取以暴制暴的手段也激起了泰南穆斯林更大的反抗情绪。在2004年1月颁布戒严令以及2005年7月实施新紧急状态法令后，泰国南部侵犯人权事件的发生率日益提高。对进入安全力量"黑名单"人员的严刑拷打和监禁，以及马来穆斯林的神秘失踪，让叛乱组织可能获得更多的支持。由于泰国南部暴力事件不断，泰南3府从2005年7月开始实施紧急状态法，之后该法令每到3个月期限结束时都被再次延长。在实施紧急状态法的地区，政府有权根据情况采取一系列紧急措施，包括宵禁、禁止大规模集会、限制出版发行、逮捕嫌疑人员、没收可疑财产、监听电话、封锁公路、强制移民等。

第三，泰国政局动荡也直接影响了泰南政策的成效。2006年初，泰国政坛维持了数年的稳定局面被打破，政局陷入严重动荡，社会矛盾也随之凸显，最终导致军队和警方联手发动政变，推翻他信政府，成立以素拉育为总理的临时政府。但此后的泰国政局仍然险象环生。有泰国官员和分析员认为，素拉育政府和阿披实政府把力量集中于处理政治事务，忽略了南部各府的暴乱，而当地的军警和政府人员关心的只是如何在政变后巩固自己的地位，这种政局的动荡局面以及各势力为争权夺利在政府施政过程中的相互掣肘，不仅影响了泰南政策的成效，而且也为泰南穆斯林分离分子提供了生存空间。

第四，在民族文化方面，马来穆斯林同主体民族泰族和政府之间仍然存在着很深的隔阂。"这些族裔少数群体一直到现在都保持一种文化区别意识。他们与国家以及占统治地位的族裔的文化有不同程度的距离……少数民族区别于占统治地位的族裔和国家文化的一些传统、价值观和象征，继续对一部分人有控制力。"[1] 而伊斯兰教经过千百年的广泛传播，作为一种信仰、一种生活方式已经深深根植于信徒的民族意识里。泰南马来穆斯林分离运动中伊斯兰因素的增长以及国际伊斯兰教的复兴和恐怖主义活动的蔓延，为解决马来穆斯林分离运动问题提出了新的挑战。尽管泰国的政治文化传统和民主政治的发展以及国际社会（包括反恐怖主义力量）的强大压力让它们难成气候，但在政府没有切实保障马来人的各种权利、缩小马来人与泰人以及与毗邻的马来西亚的马来

---

[1] Ernest Geller, *Nations and nationalism*, Basil Blackwell, Oxford, 1983, p.71.

人在经济社会发展上的差距的条件下,泰南穆斯林分离运动还会继续。

三、解决泰南穆斯林分离运动的思考

1. 正确认知泰南马来穆斯林问题,以妥善手段解决冲突

泰南马来穆斯林问题从20世纪初到现在延续了整整一个世纪,分离运动虽然几经起伏,但问题的实质并没发生多大变化。占主体地位的民族把持政治权力,"对于境内仍然存在的少数民族,他们或许容忍、或许镇压。他们注意的是强势群体的政治地位与文化认同,少数民族的各种需求不是他们施政的重点。"① 被忽视或被镇压的少数民族为了保存自身文化的完整性及民族权利起而反抗,遂形成如泰南穆斯林分离运动那样的民族分离运动。因此要解决泰南穆斯林分离主义问题,需要对该问题有正确的认知。泰国南部问题并非单纯的分离问题,它与民族矛盾、宗教矛盾、贫困问题及其他跨国犯罪活动交织在一起。

第一,但从根本上说,泰南问题仍属于族群冲突。从宗教角度来描绘骚乱只会加强泰国社会的宗教裂痕,在无意中将泰国其他地区穆斯林特别是曾经是北大年王国部分的沙敦穆斯林推向叛乱者阵营。如果南部叛乱被当作佛教徒与穆斯林之间的冲突,任何解决动乱的政策都将会影响到国家其他地区的穆斯林。第二,叛乱者只是泰南穆斯林的少数,穆斯林主体已经融入泰国社会;泰国首名穆斯林陆军司令颂提认为泰南有97%的人口没有参与叛乱。第三,泰南动乱的主要原因在于贫穷、失业、吸毒、种族

---

① 江宜桦:《自由民主的理路》,台北:新星出版社,2006年,第226页。

歧视、贪官污吏的压迫等社会问题的存在。泰国政府的同化政策也是引发他们不满的政策根源。而泰国政府自2004年初以来处理动乱的方式（尤其是"达拜事件"）也是挑起穆斯林不满情绪的原因。

因此，要消除泰南恐怖主义温床，泰国政府切忌操之过急，不要一味只是武力镇压，而必须制定政治引导胜于军事打击、重点防御与地区发展相结合的策略；在社会心理的调节上，政府应极力淡化恐怖事件所诱发的民众心理危机，避免传媒成为恐怖活动的"义务宣传代言人"；纠正以往的强制同化穆斯林的政策，解决泰南的民生问题，整肃贪官污吏，推行开明、容忍、公平的文化与宗教政策，积极与伊斯兰教团体沟通，听取各宗教派别的意见与建议，努力争取南疆地区穆斯林教长们的理解与支持。

2. 尊重少数民族权利

"现代民族—国家的形成过程，是民族确立自己的疆域和活动空间即领土的过程，同时也是共同体成员形成一种联系形式的过程，是共同体成员确立一种可见性外延并在此基础上确立一种排斥性的政治认同以区别于其他共同体的过程。"[①] 泰国政府正是因为在向现代转型的过程中，不合理分配导致了被剥夺感和被殖民感，从而引发泰南民族分离运动成为一个反复出现的主题。因此，针对泰国多元族群存在的现实，为化解民族间的冲突，国家应承认少数民族群体的权利，国家应设计某种机制以保障少数民族的权益及化解争端。

---

① 王建娥：《现代民族国家中的族际政治》，《世界民族》2004年第4期，第3页。

在政治上，实行族群政治平衡原则。坚持国家机构组成人员的多元种族性质，提高公众的政治参与积极性。建立一套健全的反映马来穆斯林意见的行政体系，作为政府与马来穆斯林沟通的渠道。如素拉育政府在2006年11月1日恢复设立"泰南边境府行政中心"（SBPAC），这个新行政中心的宗旨仍然是为泰国南部催生"和平、和解及发展"。新行政中心将归属内政部管辖，它试图提供一个平台让政府官员、安全部队和当地民众代表持续进行三边会谈，解决三方面的歧见。

阿披实与英拉政府认识到要使泰国向前发展，实现国家的民族和解是必需的，而实现民族和解首先需从宽容开始。民族和解必须基于平等、公平的原则且必须符合法律规范，而所有各方都必须从宽容和团结的愿望出发，才能成功地做到这一点。为此，英拉总理在2012年12月亲自访问泰南三府。今年2月底，英拉总理访马时宣布，泰国政府与泰南的一个叛乱组织"全国革命阵线"签署协议，同意在两个星期后，于马来西亚首都吉隆坡举行和平会谈，设法结束泰南的暴力冲突。这是一个积极的信号，表明泰国政府"愿意与所有利益相关者和有关组织展开包容性的对话，以便按宪法框架，从根源上解决问题"。在3—4月份，泰国国家安全委员会与泰南"全国革命阵线"进行了两次会谈，谈判进展甚微。6月13日继续展开了第三次和谈，双方原则上同意在即将到来的斋月期间减少暴力事件，泰国政府并考虑给予南部三府一些权力，以换取当地分离组织放弃武装斗争。

在经济方面，制定切实有效的政策帮助穆斯林摆脱贫困处境。在泰国南部，几乎看不见现代化的工业厂房，橡胶加工、棕榈油提炼和渔业加工是那里为数不多的主要产业，且大部分马来穆斯林生活拮据，入不敷出，与泰国中、北部的繁荣富庶对比鲜明。在南部6岁到24岁的适学人群中，有38%的人在社会上游荡，许多辍学的年轻人滑入毒品贩卖、武器走私、黑社会犯罪的歧途。因此，泰国政府必须通过提供充分的就业、教育和培训，打破过去各民族职业分离的状况；实行各民族发展机会均等的原则。

在文化上，实行公正的多元文化政策。改变过去以泰族为中心的强迫同化政策，淡化对泰族佛教文化的宣扬，以免刺激马来穆斯林的民族情绪。政府的首要任务应是缓和民族关系，对马来穆斯林要求做出适当的回应，使恐怖分子无法利用民族宗教问题煽风点火，兴风作浪。政府应该改变把马来文化认同与分离主义等同的观点，平等对待伊斯兰宗教学校。在宗教方面，确认泰国为多元宗教国家，信仰自由，各宗教的教规与正当活动受到尊重。此外，泰国政府应当扶持正统温和的伊斯兰教领袖，让穆斯林族群获得权威、统一的教义诠释。

总之，对于多民族国家来说，保障少数民族权利，是各民族融合进现代民族国家的基本前提。为此泰国政府必须如联合国开发计划署(UNDP)在《2004年人类发展报告》中特别强调指出的那样："各国需要在其宪法、法律和机构中承认文化差异。它们还需要拟定各种政策，确保特殊群体——不论是少数族群还是历来处于边际化状态的多数族群——的利益不被多数群体或其他主宰群体所忽视或否决。"[①] 国家整

---

① 联合国开发计划署：《2004年人类发展报告(中文版)》，北京：中国财政经济出版社，2004年，第47页。

合与国家保障少数民族权利具有深刻的内在一致性，这种一致性决定了保障少数民族的权利，是国家整合的前提；而国家整合的过程，也是少数民族权利得以实现的过程。

3. 和谐周边，切断穆斯林分离运动组织的境外联系

泰国南部的恐怖问题并非孤立存在，它与毒品走私、枪支贩卖、地区利益冲突等因素相互纠结渗透。泰南穆斯林分离主义问题有着深刻的国际背景。作为跨界民族，马来穆斯林与邻国马来西亚主体民族马来人同文同种，而且与阿拉伯世界也存在密切的联系，这使得泰南穆斯林分离主义问题变得复杂而敏感，泰国政府在处理这一问题时必须小心谨慎。

第一，泰国政府应该与周边国家积极沟通，建立边境地区预警机制，有效打击武器、毒品走私与恐怖主义。针对泰国边界存在的许多隐患，如泰马边境是国际恐怖分子进出东南亚的主要通道之一、泰缅和泰老边境是毒品走私的要道、泰柬边境存在着严重的武器走私问题等，与马来西亚、缅甸、老挝和柬埔寨等国家积极协商，共同打击走私贩毒犯罪活动。

第二，赢得马来西亚政府在马来穆斯林问题上的谅解与合作。泰马是东盟内两个唯一在历史上没有公开对抗的国家，两国的关系一直保持良性发展状态，但族群问题是影响两国友好关系的主要障碍。在1980年以前，"两国政府间的良好关系常因双方在马来西亚共产党问题和泰南穆斯林分离主义问题上的相互猜忌而受到破坏"[1]，这种相互猜忌在

---

[1] Christie, *A Modern History of Southeast Asia: Decolonization, Nationalism and Separatism*, I.B.Tawris, London,1996, p.189.

两国间形成了一种"威胁性平衡"关系。自2004年1月以来，泰马关系再次因泰南问题而一度交恶。马来西亚政府为马来穆斯林难民提供庇护并拒绝泰国希望遣送他们回国的要求，同时马来西亚国内一些政党和组织纷纷谴责泰国他信政府在南部的高压政策，前首相马哈蒂尔甚至说泰国政府应该在南部实行自治。泰国政府则指责马来西亚为分离主义分子提供援助，干涉泰国内政。但这两个被泰国政治分析家比喻为"两个有冲突的年轻人"[①]的国家一直在寻求谅解与合作。素拉育政府在南部的和平政策得到了马来西亚的支持与赞赏，双方关于共同利益超过局部差异、任何对现存边界安排的威胁会破坏地区脆弱的平衡的共识成为泰马合作的基础。2009年12月，阿披实总理同意来访的马来西亚首相纳吉提出的让泰南使用马来语地区享有某种形式自治的建议，有助于结束泰南动乱。纳吉在会谈后重申，马国不打算干涉泰国的内部事务，但愿意以双方都可接受的方式来帮助泰国解决问题。2013年3月，在马来西亚的协调下，泰国政府与泰南分离运动组织"全国革命阵线"签署协议，两周后在马来西亚首都吉隆坡首开和平会谈。

第三，取得各阿拉伯国家和伊斯兰组织在泰南马来穆斯林问题上的谅解，切断来自伊斯兰世界的援助。中东一直被认为是泰南穆斯林分离运动的主要援助来源，他们为穆斯林分离组织提供政治、财政和军事援助；而极端伊斯兰主义思想也对泰南穆斯林有着重要影响。因此，泰国政府要想彻底解决泰南马来穆斯林问题，必须与阿拉伯国家和伊斯兰组

---

① Colum Murph, "Friction on the Thai-Malay Fault Line", *Far Eastern Economic Review*, Nov, 2005, p.21.

织建立友好联系，以实际行动赢得他们在泰南穆斯林问题上的谅解，利用伊斯兰会议组织（OIC）观察国地位为泰南问题的和平解决营造一个有利的国际环境。

第四，利用地区和国际反恐机制，积极反恐，防止国际恐怖主义势力地区化。为稳定南部边境局势、恢复民众对政府的信任感，泰国政府应该在总结"前车之鉴"的基础上趋利避害，借助地区和国际反恐的东风积极反恐，防止国际恐怖主义势力利用地区内部矛盾开辟新的"作战前线"。同时，泰国政府应建立健全的反恐法规和机构，避免使反恐陷入"打击—报复—再打击—再报复"的恶性循环中。积极开展国际反恐合作，寻求国际社会和周边邻国的支持，扩大国内的反恐战果。加强与东盟成员国的国际反恐合作，尤其是致力于加强与泰国地缘关系密切的马来西亚的合作，共同打击在马泰边境地区的恐怖活动，打击危及两国稳定的犯罪组织和犯罪分子。

总之，泰南穆斯林分离运动的解决需要泰国政府从多角度入手，在尊重文化差异的基础上用和平对话来解决泰国穆斯林所面临的问题。切实保障穆斯林的所有权利，以确保他们受到同其他公民一样的平等对待，帮助他们提高经济和社会生活水平。同时通过外交手段，切断穆斯林分离主义分子与外部的联系，避免族群冲突宗教化、国内冲突国际化。

南海安全形势发展及影响分析

海军军事学术研究所助理研究员 唐培

【内容提要】分析、把握南海安全形势发展,是维护国家海上安全的必然要求。近来,越、菲等周边有关国家急于谋求南海"主权""合法化"、"永久化",加快军事化、民事化、司法化和地区化的步伐,并挑起事端,引发地区局势持续紧张;地区一体化继续推进,海上安全关注度进一步提升;以美为首的域外势力加深介入南海事务,南海问题复杂化、国际化趋势不可逆转,南海形势发展中不确定、不安全因素趋于增多,地缘竞争加剧。

【关键词】南海 安全形势 发展 影响

近来,南海形势总体保持稳定,但由于越、菲等南海周边有关国家坚持强硬"主权"立场不变,加快军事化、民事化、司法化和地区化的步伐,并主动挑起事端;同时,域外势力纷纷加大插手南海力度,特别是美国介入南海的政策取向表现更加明晰,南海问题升温不断,地区局势呈现"波澜不止"与"暗流涌动"交错相长的态势。南海形势发展中地缘竞争加剧，不确定、不安全因素日益增多。

一、南海安全形势发展及特点

（一）菲律宾挑起黄岩岛事件，"以小搏大"心态渐强

2012年年初以来，菲律宾积极充当南海岛礁主权斗争的"急先锋"。自2012年4月10日起，菲律宾海军"德尔皮拉尔"号闯入黄岩岛海域，对在该海域避风停靠的12艘中国渔船进行袭扰，并由此挑起黄岩岛事件。由于菲律宾奉行强硬立场，并坚持舆论造势、依美示强等策略，南海形势经历新一轮波动，并引发局部地区出现紧张。菲主要举措包括：宣示其对黄岩岛拥有"主权"[1]，宣布将黄岩岛正式"命名"为"帕纳塔格礁"[2]、单方面拒绝承认中方禁渔令[3]；发动舆论攻势，煽动国内民族主义情绪，并大肆鼓噪中国威胁论，直言中国是许多国家的巨大威胁，并指责中国试图"为所有人制定规则"[4]；旨在"保卫领土"

---

[1] "Philippines Asserts Sovereignty Over Bajo de Masinloc (Scarborough Shoal)"，2012年4月11日菲律宾外交部网站，http://www.dfa.gov.ph/index.php/newsroom/dfa-releases/5164-philippines-asserts-sovereignty-over-bajo-de-masinloc-scarborough-shoal。

[2] Genalyn D. Kabiling, "Palace Prefers Panatag"，2012年5月3日Manila Bullitn，菲律宾雅虎网站，http://ph.news.yahoo.com/palace-prefers-panatag-152433744.html；另见"菲律宾正式将黄岩岛命名为'帕纳塔格礁'"，2012年5月6日新华网，http://news.xinhuanet.com/mil/2012-05/06/c_123082964.htm。

[3] "Philippine Statement on the Inclusion of Bajo de Masinloc and Philippine Exclusive Economic Zone in China's Fishing Ban，May 14, 2012"，2012年5月14日，菲律宾外交部网站，http://www.gov.ph/2012/05/14/philippine-statement-on-the-inclusion-of-bajo-de-masinloc-and-the-philippine-exclusive-economic-zone-in-chinas-fishing-ban-may-14-2012/。

[4] "菲律宾高层轮番攻击中国 称要警惕中国增强进攻"，2012年4月24日《环球时报》，引自环球网，http://world.huanqiu.com/hot/2012-04/2658386.html。

的58个装备现代化项目快速上马，军事投入刺激性增长明显[①]；与美[②]、日、越等国加强协同。

尽管黄岩岛对峙事件在持续近两个月后暂告一段落，但对于我方实际控制黄岩岛的现状，菲律宾则表现出不满与不甘。菲外长德尔罗萨里奥2012年11月29日再次要求中国船只"必须撤出黄岩岛"[③]。菲试图"扭转"局面的用心显见。一是继续谋求"主权"合法化。继2012年7月发表国情咨文称菲对黄岩岛拥有"主权"以后，菲总统阿基诺2012年9月5日签署2012年第29号总统行政令，以"为菲律宾共和国的西菲律宾海命名"为题，要求把菲律宾群岛西侧海域包括吕宋海、"卡拉延群岛"(即菲律宾所侵占的中国南沙群岛部分岛礁)、黄岩岛及其周边和毗邻水域命名为"西菲律宾海"，并要求菲国家测绘和资源信息局绘制和出版涵盖"西菲律宾海"的菲律宾官方地图。不仅于此，2013年1月22日，菲律宾将南海有关岛礁争端提交国际仲裁，并不顾中方反对，单方面强力推进有关仲裁程序[④]；2013年5月初派出军舰赴仁爱礁，欲打桩加固自1999年起就在仁爱礁坐滩的破旧登陆舰，并伺机扩大在该礁的军事存在。二是强化军备。菲不遗余力加强其西南部的巡逻及侦察力量。菲

[①] "菲律宾宣布138个军购项目 用于'保卫领土'"，2012年5月24日人民网，http://military.people.com.cn/GB/172467/17974449.html。

[②] "PHL, U.S. ministerial dialogue in Washington D.C.", 2012年5月2日菲律宾外交部网站，http://www.gov.ph/2012/05/01/phl-u-s-meet-in-washington-d-c-to-enhance-alliance/; "Joint statement of the Philippines–United States ministerial dialogue, May 1, 2012",2012年5月2日菲律宾外交部网站，http://www.gov.ph/2012/05/01/joint-statement-of-the-philippines-united-states-ministerial-dialogue-may-1-2012/。

[③] "菲律宾外长强硬要求中国船只必须撤离黄岩岛"，2012年11月30日《环球时报》，引自环球网 http://world.huanqiu.com/exclusive/2012-11/3328147.html。

[④] "THE WEST PHILIPPINE SEA ARBITRATION", May 2013，2013年5月，菲律宾外交部网站，https://www.dfa.gov.ph/index.php/component/content/article/125-wps-newsletter/178-the-west-philippine-sea-arbitration。

军西部军区司令萨班2012年9月30日表示，菲军方已向菲西南部的巴拉望省增派两个营的海军陆战队（约800人）加强对其所占南沙岛礁的巡逻，并组建了负责"卡拉延群岛""防务"的新指挥部。菲海岸警卫队2012年11月底称，已做好准备、随时派船返回黄岩岛，并将与菲渔业与水产资源局联合行动，重启在黄岩岛海域对中国渔船的"监视"。菲总统阿基诺三世2012年12月签署"武装部队现代化法案"，立法确定将菲武装部队现代化计划延续15年[①]；于2013年5月，宣布将拨款750亿菲律宾比索(约合18.2亿美元)，购买护卫舰、反潜直升机和海岸巡逻快艇等武器装备，以提高菲军队保卫领海的能力[②]。三是力保礼乐滩油气开发权。2012年5月以来，菲律宾总统阿基诺多次将礼乐滩与黄岩岛相提并论，声称会"捍卫菲律宾对礼乐滩的权利"。[③] 菲律宾外长德尔罗萨里奥曾公开表示，礼乐滩是菲律宾必不可少的一部分，就其本身而言，不能被联合开发，否则，就是违反了菲律宾的宪法。四是力推南海问题多边化。菲律宾坚持"两手"策略推动南海问题多边化：一手利用亚太经合组织（APEC）会议[④]、东盟峰会，热炒南海争端，试图以"弱小"博得国际社会的同情，推动南海问题国际化；一手拉帮结伙，加紧与美、越、日等国在南海问题上的协调与合作。

---

① "菲律宾总统签署法令延长军事现代化计划15年"，2012年12月12日《人民网》，http://military.people.com.cn/r/2012/1212/c1011-19872668.html。

② "菲律宾为夺岛礁巨资军购 近海作战能力倍增"，2013年5月23日《新华网》，http://news.xinhuanet.com/mil/2013-05/23/c_124755496.htm。

③ 张明，"中国南海争端再起波澜 菲律宾邀外资勘探南海油气"，2012年6月1日中新网，http://www.chinanews.com/gn/2012/06-01/3933352.shtml。

④ RG Cruz, "Singapore rebuffs PH claim of support on sea dispute"，2012年9月10日菲律宾ABS-CBN新闻网，http://www.abs-cbnnews.com/nation/09/10/12/singapore-rebuffs-ph-claim-support-sea-dispute。

（二）越南加大整体筹划，有序推进南海斗争

越南是南海岛礁主权争端中的主要既得利益方。越南在其国家海洋发展战略的指导下，加大整体筹划，明确依法"维权"的思路，灵活调整其南海斗争策略，有序推进南海斗争。一是进一步明确依"法"维"权"的指导思想。越南政府2012年10月发布的《政府2012年经济社会发展情况及2013年工作任务的报告》[①]明确提出，"基于恪守包括1982年《联合国海洋法公约》在内的国际法，尊重和充分实施《东海（注：即指我国南海。下同）各方行为宣言》并面向制定《东海行为准则》，坚持并贯彻落实以和平方式解决海上争端的主张、政策，坚决捍卫国家主权、主权权利和国家海洋利益。"二是加大法理斗争攻势。2012年6月21日，越南国会通过《越南海洋法》。该法将中国西沙和南沙群岛包含在所谓越南"主权"和"管辖"范围内。越南在推进海洋基本法建设的同时，以"法"为据，对中方启用印有九段线地图的新版电子护照、出版发行"三沙"地图、通过新修订版"海南省沿海边防治安管理条例"等举措提出强烈抗议，不仅将我方行为定性为"侵权"，还借机重申其"主权"的合法化，公开宣称其"主权"主张有"足够"的历史证据和法理依据，并将局势复杂化归咎于我方[②]。同时，越南还通过向南

[①] 《政府2012年经济社会发展情况及2013年工作任务的报告》，2012年10月29日越南政府门户网站，http://cn.news.gov.vn/Home/%e6%94%bf%e5%ba%9c2012%e5%b9%b4%e7%bb%8f%e6%b5%8e%e7%a4%be%e4%bc%9a%e5%8f%91%e5%b1%95%e6%83%85%e5%86%b5%e5%8f%8a2013%e5%b9%b4%e5%b7%a5%e4%bd%9c%e4%bb%bb%e5%8a%a1%e7%9a%84%e6%8a%a5%e5%91%8a/201210/9258.vgp。

[②] "VN's oil exploitation projects within exclusive economic zone", 2012年12月4日越南政府门户网站，http://news.gov.vn/Home/VNs-oil-exploitation-projects-within-exclusive-economic-zone/20124/14020.vgp; Binh Minh, "Vietnam condemns China's sea claims as 'serious violation'", 2012年12月4日路透社网站，http://www.reuters.com/article/2012/12/04/us-china-sea-idUSBRE8B303M20121204。

沙群岛派驻僧侣、在南威岛建陶瓷国旗等手段，为其"主权"合法化提供"事实"依据；加大利用传媒，强化国民南海"主权"意识，如通过网络宣传有关反对中国设立三沙市的书面抗议、刊发《东海上的越南印记》①、确立电视宣传服务于海洋经济和海洋"主权"宣传的政策导向等；此外，2013年8月底在胡志明市就"黄沙、长沙属于越南及其历史依据"地图资料展②。三是加紧联外开发油气资源。越南与俄、印等国密切开展能源合作，加紧南海油气资源开发。2012年4月5日，越南与俄罗斯天然气工业公司签署了在越南大陆架05.2和05.3区块合作开采油气的协议，俄方在产品分配协议中占49%的份额；2013年5月，越南总理阮晋勇访俄期间，承诺"在符合1982年《联合国海洋法公约》规定之越南大陆架及近海海域，向俄罗斯油气公司创造一切可能的有利条件，以扩大合作"，俄越双方签署有关油气勘探开发协议③。在越方一再"挽留"下，印度恢复开展在中越争议海域有关油气田的勘探工作。印度石油与天然气部部长辛格（R.P.N.Singh）2012年8月称，印石油天然气器械的海外投资和作业公司OVL正参与越南128区块的油气钻探工作。④ 此

---

① 该书由越南通讯传媒出版社出版，作者是越南政府边界委员会前主任陈公轴。全书长达400页，共四章：第一章介绍了越南的海洋与岛屿在国民经济、国防和安全事务中的角色；第二章根据1982年《联合国海洋法公约》，对界定越南的海洋区域和大陆架、尤其是专属经济区的范围提出了所谓法律依据；第三章概述越南自三四个世纪前开始"确立和行使"对南沙群岛和西沙群岛的"主权"；第四章介绍南海争议的情况并提出一些可能的解决方案。见"越南出书宣扬南沙西沙'主权'"，2012年8月10日新华网，http://news.xinhuanet.com/world/2012-08/10/c_123560565.htm。

② "Historical evidence for Hoang Sa and Truong Sa"，2013年8月24日越南政府门户网站，http://news.chinhphu.vn/Home/Historical-evidence-for-Hoang-Sa-and-Truong-Sa/20138/18692.vgp。

③ "PM Dung meets with Russian President"，2013年5月15日越南政府门户网站，http://news.chinhphu.vn/Home/PM-Dung-meets-with-Russian-President/20135/17861.vgp。

④ "India cooperates with Vietnam in off-shore oil exploitation"，2012年7月21日 Intellasia 新闻网，http://www.intellasia.net/india-cooperates-with-vietnam-in-off-shore-oil-exploitation-219095；另见"印官员称印度未退出南海128号油气区块勘探"，2012年8月20日人民网http://energy.people.com.cn/n/2012/0820/c71661-18783890.html。

前,因出现"技术问题",钻探工作一度暂停。①四是提高平衡外交成效。越南积极开展多方位外交,与美加强交流对话,就加强在经贸、科技、打击跨国犯罪、保障海上安全等方面的合作达成一致;与俄高调联手,两国发表《俄越加强全面战略伙伴关系的联合声明》,并在经贸、国防等多个领域的合作事宜上达成一致,包括俄方获准在金兰湾港设船舶维修基地、俄方向越贷款约100亿美元等,同时俄方对俄越在石油与军事技术领域的合作持积极态度②,两国有关武器供应、人员培训等实质性军事合作项目也在酝酿之中;依托越日战略合作伙伴对话、越日合作委员会以及两国各部门间的对话机制,与日本发展战略伙伴关系③,双边经贸合作取得长足发展④。

(三)东盟一体化继续推进,地区海上安全关注持续增大

为实现2015年建立东盟共同体的目标,东盟各成员国积极协商,努力弥合分歧、缩小差距。2012年7月,东盟系列外长会议就推动区域合作、解决区域问题进行了讨论协商,并取得一系列成果,如通过《高官行动计

---

① Harsh V. Pant, "South China Sea: New arena of Sino-Indian rivalry", 2012年8月11日the Daily Star 网站, http://archive.thedailystar.net/newDesign/news-details.php?nid=245667。

② 俄总理梅德韦杰夫2012年11月6日至7日对越南进行正式访问。期间,梅表达了对两国在石油与军事技术领域的合作前景广阔的看法,并称应"努力拓展新的合作方向"。见"俄罗斯总理梅德韦杰夫访问越南 欲推动双边各领域合作",2012年11月9日中国日报网, http://www.chinadaily.com.cn/hqgj/jryw/2012-11-09/content_7463337.html。

③ 越南国家主席2013年4月表示日本在越南外交政策中是重要的战略伙伴,见"Japan among key strategic partners, leader says",2013年4月16日越南政府门户网, http://news.chinhphu.vn/Home/Japan-among-key-strategic-partners-leader-says/20134/17595.vgp。

④ "VN, Japan discuss ways to boost ties", 2012年7月15日越南政府门户网站, http://news.gov.vn/Home/VN-Japan-discuss-ways-to-boost-ties/20127/15078.vgp。

划》，东盟地区经济一体化发展又获推力[1]等；2012年10月29日，在印尼雅加达举行的第四届《东盟一体化倡议》发展合作论坛讨论了《东盟一体化倡议》、2009—2015年第二阶段的战略框架和工作计划、加大合作力度、协助柬老缅越四国加快融入进程等多项重要内容；2012年11月18日，东盟国家领导人举行了探讨东盟优先与核心问题的小范围会议，就有关加快东盟共同体建设进程、加强本地区互联互通，加强东盟等问题进行探讨；东亚峰会通过《金边发展宣言》，突出发展主题，倡导"均衡、包容、可持续"发展，并通过在10+1、10+3、10+6框架下加强区域国家间连通与合作，缩小地区差距，加快区域经济一体化进程。2013年6月30日，第46届东盟外长会议发表联合公报，强调东盟应该在区域合作机制中发挥主导作用，支持相关各方通过协商谈判解决南海问题[2]。

与此同时，由于地区经济发展中海洋重要性全面上升，加之越、菲等国频挑事端，南海问题保持升温态势，特别是在菲律宾挑起黄岩岛事件及越南出台《越南海洋法》等事件发生，地区对海上安全的关注度进一步提升。一是地区各国普遍认同在打击海盗、海上搜救、海事安全、互联互通、航道通行自由及远洋渔业等方面提升海事合作层级的重要性。随着亚太地区海事机构首脑论坛第十三次会议[3]、第三届东盟海

---

[1] 中国外交部长杨洁篪在会议期间表示，中方将互联互通作为与东盟合作的重点，设立总规模100亿美元的中国—东盟投资合作基金，宣布了250亿美元信贷，支持东盟基础设施建设等合作。加拿大外长宣布为促进东盟一体化援助1000万美元。美国国务卿希拉里·克林顿也表示，美国有意向湄公河下游国家提供5000万美元的援助。见"东盟外长会及系列会议富有成果"，2012年《海南日报》第六版。

[2] "东盟外长会议开幕"，2013年7月1日人民网，http://paper.people.com.cn/gjjrb/html/2013-07/01/content_126167C.htm。

[3] "东盟强调和平解决争端"，2012年7月10日越南政府门户网站，http://cn.news.gov.vn/Home/%E4%B8%9C%E7%9B%9F%E5%BC%BA%E8%B0%83%E5%92%8C%E5%B9%B3%E8%A7%A3%E5%86%B3%E4%BA%89%E7%A3%AF/20127/7967.vgp。

事论坛和东盟海事论坛首次扩大会议①以及第五届东盟国防长会议的召开，东盟及伙伴国围绕加强海上安全与合作、确保航行自由与打击海盗、保护海洋环境、促进东亚地区的生态旅游及渔业管理等议题进行交流和探讨，促进地区国家就共同维护地区水域安全的共识进一步提升。

二是南海地区扩充军力势头持续看涨。为控制既占岛礁、保护"胜利果实"，南海周边有关国家坚持扩充军备、加强军力。2012年地区国家国防预算普遍上涨②，其中越南、印尼涨幅最大，分别为35%、35.6%，达到33.5亿美元、122.8亿美元。同时，菲、印尼将大幅增加2013年国防开支，以保证其周边岛屿和专属经济区的安全。南海地区国家竞相引进先进海空装备。印尼国防部正式向韩国订购3艘潜艇，以加强作战能力，应对未来挑战，并已确定有关24艘巡逻艇订购案；马来西亚海军将采购6艘该级巡逻舰；菲律宾刺激性军购明显，采购项目包括37架直升机、1艘护卫舰、2架轻型运输机、12架T-50"金鹰"高级教练攻击机、2艘二手"西北风"级护卫舰等。三是地区海上安全合作不断推进。2012年2月27日至3月6日，新加坡与马来西亚海军举行2012马拉普拉演习。演习主要围绕常规海上战术、马六甲海峡海上安全展开；为"促进东盟国家海军间信息共享能力、提高地区海上安全"，东盟首届海上安全信息共

---

① "Third ASEAN Maritime Forum opens in Manila"，2012年10月3日越南政府门户网站，http://news.gov.vn/Home/Third-ASEAN-Maritime-Forum-opens-in-Manila/201210/15855.vgp。

② 越南为70.2万亿越盾（约合33.5亿美元），较上年上涨35%；印尼644000亿卢比（约合75亿美元），涨幅为35.6%；新加坡122.8亿美元，增长4.3%；菲律宾1081亿比索（约合24.5亿美元），较上年略有上涨。此为笔者根据收集相关数据整理得出。

享演习2012年7月在新加坡举行①；2012年11月，新加坡与印尼两国海军在新加坡与雅加达举行双边海上联演，演习科目包括舰载直升机互降、反舰及防空战术演练②。四是有关国家为谋一己私利，在利用地区国家对海上安全的普遍关注、炒作南海争端的同时，加强联手。2012年7月东盟系列外长会议因菲方坚持要将黄岩岛"争端"写入公报，最终未能发表联合公报。2012年11月东盟峰会上，菲总统阿基诺反对旨在与中国尽快展开关于《南海行为准则》谈判、排除域外国家干扰的东盟共识，并扬言"东盟方式不是我们唯一的道路。作为一个主权国家，我们有权利捍卫我们的国家利益"。2012年11月21日，菲外交部高调宣布将在2012年12月主办东盟内部四个南海声索国的四方会议，却因和者甚寡，未果而终。2013年6月30日，菲方利用东盟外长会议平台，单方面向媒体发布外交声明，称中国在南海"越来越严重的军事化策略威胁地区和平"。③ 由此，菲以南海问题为第一要务，孤注一掷，竭力扩大争议影响，推动南海问题国际化，有违东盟共同意愿，地区合作向好发展的主流受到一定程度影响；同时，越、菲靠得更拢，于2012年12月开始就南

---

① 2012年7月8日至10日，新加坡海军与印尼海军共同主持。东盟国家约60名海军人员参加此次演习，演习操作包括新加坡樟宜指挥控制中心和地区其他多个海军作战中心。主要是在不同的想定背景下如海盗、海上劫持和海上恐怖主义等，参演方通过信息交流，完成有关海上情况处理。"Singapore and Indonesia Navies Co-Host Inaugural ASEAN Maritime Security Information-Sharing Exercise"，2012年7月9日新加坡国防部网站，http://www.mindef.gov.sg/imindef/press_room/official_releases/nr/2012/jul/09jul12_nr.html.
② 新加坡与印尼两国海军于2012年11月5日至14日在新加坡与雅加达举行双边海上联演，演习科目包括舰载直升机互降、反水面舰及防空战术演练等。"Singapore and Indonesia Navies Conclude Bilateral Exercise", 2012年7月9日新加坡国防部网站，http://www.mindef.gov.sg/imindef/mindef_websites/atozlistings/navy/newsevents.eagleclosing2012.html.
③ "Secretary Del Rosario Expresses Concern Over 'Militarization' of the South China Sea"，2013年6月30日菲律宾外交部网站，https://www.dfa.gov.ph/index.php/2013-06-27-21-50-36/dfa-releases/197-secretary-del-rosario-expresses-concern-over-militarization-of-the-south-china-sea.

海海域划定领海线进行协商,在有关"主权"问题上加强合作。

(四)域外大国频频高调表态,介入势头明显增强

在南海问题持续升温背景下,以美国为首的外部势力积极迎合地区有关国家"求援"的呼声,继续推动南海问题多边化发展,加大地区存在,努力寻求进一步扩大本国在南海地区的影响力,对我国进行牵制、阻挠的意图明显。一是介入南海的政治意愿上升。在南海问题持续升温背景下,美、日、印等国在对南海局势表示关切的同时,纷纷表明各自南海立场。美国前国务卿希拉里2012年7月撰文指出,近期南海纠纷显示出以多边方式解决南海问题的重要性,并积极呼吁东盟就南海问题团结一致。美国和欧盟2012年7月12日发表联合声明,鼓励东盟和中国推进南海行为准则,体现其支持"南海问题多边化"的立场。2013年4月,美国务卿克里公开表示支持菲律宾通过国际司法仲裁解决有关南海争端[①]。日本前首相野田佳彦2012年11月19日在日本与东盟首脑会议上就南海问题强调"遵守国际法非常重要",并指出南海问题"是国际社会的共同关切,可能直接影响亚太地区的和平与稳定";进入2013年,包括日本外相岸田文雄、首相安倍、防卫相小野寺在内的日本政府高层频访南海周边国家,与越、菲在"中国强化海洋影响力"的背景下,就加强海上安全保障合作达成一致,并借机抛出"亚洲外交五项原则",力图以"共同创造相同的价值观、愿与东盟国家一起维护海洋权益和航行自由"等

---

① "Remarks With Philippine Foreign Secretary Albert Del Rosario Before Their Meeting",2013年4月2日美国国务院网站,http://www.state.gov/secretary/remarks/2013/04/206821.htm。

主张，拉拢东盟国家。2012年11月下旬，印度海军参谋长表示，印度国家能源公司在南海部分区域拥有石油勘探区块，如必要，印度海军将前往南海有关海域保护其国家利益。二是加大经贸合作与援助。美积极寻求与东盟建立更多贸易和投资联系。2012年9月初，希拉里访印尼期间表示，美将通过基础实施领域的合作与投资促进印尼的发展，并承诺提供支持教育的发展经费；2012年11月中旬，美商务部高层访问越南，表达了其对开展基础设施建设合作的浓厚兴趣，并提出希望越政府为美企业长期在越投资创造有利条件。对此，越方作出积极回应。[①] 日本继续加大经济合作力度。2012年4月21日，日本与泰、缅、越、柬、老5个湄公河流域国家在东京召开第四次首脑会议，宣布将从2013年起向东南亚5国提供为期3年、总额高达6000亿日元（约合74亿美元）的官方发展援助，以促进该地区发展[②]。此外，美、日等国加大对有关国家的援助。美国向湄公河下游国家抛出5000万美元的援助，向越提供4000万美元的应对气候变化项目援助金[③]；日本政府连续21年向越南提供官方发展援助，累计承诺向越提供该项援助资金近210亿美元，2013年3月22日还承诺向越南贷款19亿美元，主要用于气候变化援助计划、交通设施建设及

[①] "US urged to recognize VN's market economy soon"，2012年11月15日越南政府门户网站新闻，http://news.gov.vn/Home/US-urged-to-recognize-VNs-market-economy-soon/201211/16264.vgp。

[②] "日本与湄公河流域5国首脑会议在东京举行" 2012年4月21日人民网，http://world.people.com.cn/GB/17713020.html。

[③] 美国国际开发总署（USAID）2012年10月17日在河内公布了关于协助越南应对气候变化的清洁和适用能源、可持续发展景观的两个项目，其实施期为5年。"USAID sponsors VN's climate change respon"，2012年11月15日越南政府门户网站新闻，http://news.gov.vn/Home/USAID-sponsors-VNs-climate-change-response/201210/15974.vgp。

污水处理系统建设等① 三是加强军事安全合作。在南海问题升温背景下，美、日、印等国军舰频繁到访越、菲等南海周边国家。2012年10月下旬，美国"乔治·华盛顿"号航母编队相继访问越、菲，舰队指挥官格雷戈里·芬顿称，此次巡航旨在改进美与越、菲之间的关系，同时确保美国舰队能在南海自由通行②；2012年5月底，印度海军4艘军舰航经南海，并分别访问越、菲两国；2012年5月28日至6月1日，日本海上自卫队训练舰编队访菲。同时，以美为首的域外大国通过举行常态化联合军演，如新（加坡）印海上双边演习、美菲"肩并肩"、越美海上联合搜救演习、美泰"金色眼镜蛇"、"卡拉特"、"新（加坡）澳"海上演习等，借此加强南海地区的动态兵力存在。其中不乏以南海争端升级为想定背景的演习，如2012美菲"肩并肩"联合军演于2012年4月16日至27日在吕宋岛和巴拉望岛进行，演习内容包括夺取被占领的近海石油和天然气平台③；2013年6月27日至7月2日，美菲在离黄岩岛108公里的南海海域举行"卡拉特"（即"海上战备训练合作"）演习，演习内容包括联合两栖登陆演习、海上安全行动、"海洋权益"意识、情报共享、丛林战以及"人道主义"救援和救灾等④。域外国家利用有关争端方弱者心理，借机扩大在南海地区军事存在，重点是获取战略要地的

---

① "越南与日本2013年双边贸易额或达290亿美元"，2013年3月27日中国金融信息网，http://world.xinhua08.com/a/20130327/1144423.shtml。

② "美国核动力航母现身南海 菲媒称将穿黄岩岛海域"，2012年10月27日新华网，http://news.xinhuanet.com/world/2012-10/22/c_123850726_2.htm。

③ "美国公开介入中菲南海对峙"，2012年4月25日新华网，http://news.xinhuanet.com/world/2012-04/25/c_123031794.htm。

④ "菲美在南海举行联合军演"，《人民日报》（2013年6月28日21版）；另见"距中国黄岩岛108公里 菲美海军南海联合军演开锣"，2013年6月8日新浪网，http://news.sina.com.cn/w/2013-06-28/ 053927519255.shtml。

准入。俄在金兰湾设船舶维修基地已成定局①，美国濒海战斗舰"自由号"2013年4月如愿进驻新加坡樟宜港②，美将极可能获得新的准入点，包括永久租用泰国乌塔堡海军机场③、在菲西部巴拉望岛建立"前沿指挥所"、重返苏比克湾和克拉克空军基地等，我国南海方向军事安全压力趋于增大。

二、南海安全形势走向及对我国海上安全的影响

当前，在多种因素作用下，南海局势正处在深刻复杂的变化之中。南海问题热度不减，在围绕南海岛礁主权归属和海域划界争端所展开的斗争中，地缘政治博弈色彩浓重，包括争端方、域外势力在内的多方力量积极谋动。由于我国在黄岩岛对峙中成功维权，并采取成立三沙市、启动南海油气招标、坚持常态化巡航等举措，坚决维护南海权益，在一定程度上对越、菲等南海周边有关国家有恃无恐的侵权行为产生了震慑作用。但总体上，南海形势复杂化、国际化趋势不可逆转，并将加剧向前发展，我国南海方向的不安全、不稳定因素将持续增多。这突出表现在以下三个方面：

---

① 荣文汉、阮文筠，"越南长袖善舞恐难奏效"，《人民日报·海外版》（2012年8月2日第6版）。
② "USS Freedom Arrive Singapore"，http://www.navy.mil/submit/display.asp?stroy id=73441。
③ Karen Parrish, "Dempsey: U.S.-Thailand Partnership Holds Growth Potential"，2012年6月5日美国防部网站 http://www.defense.gov/news/newsarticle.aspx?id=116620。

（一）岛礁主权争端矛盾更趋尖锐，我国南海维权将面临更多阻力

南海在周边国家社会经济发展中的重要性不断提升，有关国家加大资源攫取力度、图谋扩大争议范围的趋势更加明显，南海资源争夺将随之愈演愈烈。南海争端矛盾突显，有关国家在继续推进既占岛礁民事化建设的同时，大力加强海上巡逻、监察力量，加之域外势力涉入，势将增加我国南海维权的现实阻力。

第一，越、菲不改"维权"强势立场。南海资源的开发利用，是南海周边国家经济发展的重要支柱；其中，油气资源更是被视为应对未来能源需求的主要依托。越、菲在油气资源开发上始终坚持强硬的"主权"立场。越南副外长范光荣2012年11月28日表示，"不能接受"中国海洋石油总公司在有主权争端的区域开发资源的任何举动[①]。菲律宾则一再声称，礼乐滩离其巴拉望更近，在其专属经济区内，不能被联合开发。尽管目前菲政府暂缓与有关公司签订油气开发合同[②]，但从长远看，加快油气资源的实际开发仍将是菲律宾的既定路线，而其坚持强硬立场、联合域外大国、将我方排除在外进行开发的可能性极大。

第二，域外势力涉入南海油气开发趋势有所增强。目前，整个南

[①] "越怕中方领土争端中打贸易牌"，2012年12月4日新华网，http://news.xinhuanet.com/world/2012-12/04/c_124043640.htm。

[②] 2012年12月11日菲能源部长表示，考虑到与邻国之间的领土纠纷悬而未决，菲将暂时推迟与有意在南海进行油气开发的公司签订合作。见"印尼呼吁早制订南海行为准则 菲律宾暂停南海油气勘探招标"，2012年12月12日新华网，http://news.xinhuanet.com/world/2012-12/12/c_124083668.htm。

海地区已探明的石油储量是230亿至300亿吨油当量,天然气储量16万亿立方米,年均油气产量约5000万吨油当量①。美、俄、印等国觊觎南海丰富资源,并加大与域内国家联手合作,推进南海油气的实际勘探与开发。自2011年4月以来,美国埃克森公司与越南合作开发离岘港较近的117、118、119区块的油气开采工作启动;2012年4月5日,越南与俄罗斯天然气工业公司签署了在越南大陆架05.2和05.3区块合作开采油气的协议,俄方在产品分配协议中占49%的份额;印度恢复开展在中越争议海域128区块的油气钻探工作,印海军高层甚至明言,将为其国家利益提供安全保障。域外大国涉入南海油气开发,与越、菲、马等有关国家实现并强化"利益捆绑"。这将为本已复杂的南海局势增加更多不稳定、不确定因素,我国南海维权形势更为复杂。

第三,有关方加强海上巡逻、监察力量。越南政府2012年12月4日宣布将派船巡逻保护其南海渔场,并称将对越南专属经济区内违反渔猎法的本国和外国船只船员实施逮捕并处以罚款②;根据越南总理阮晋勇2012年11月29日签署的"渔政组织运作法令",越南于2013年1月25日成立渔政局,强化海上执法力量③;菲海岸警卫队2012年11月底称,已做好准备、随时派船返回黄岩岛,并将与菲渔业与水产资源局联合行动,重启在黄岩岛海域对中国渔船的"监视"。越、菲加强海上巡逻和监察

---

① 相关数据引自"中国专家:怀疑菲提合作开发南海油气资源诚意",2012年5月10日中国新闻网,http://www.chinanews.com/gn/2012/05-10/3878526.shtml。
② 越南渔业主管、农业和乡村发展部副部长武文心12月4日表示,从2013年1月25日起,将派出四艘船到"越南水域阻止有害活动和非法捕鱼"。见"外媒:越南宣布明年派船巡逻南海渔场",2012年12月5日新华网,http://news.xinhuanet.com/world/2012-12/05/c_124047546.htm。
③ "越南昨设立渔政局 派公务船南海执法",2013年1月26日北青网,http://bjyouth.ynet.com/3.1/1301/26/7784654.html。

力量，突显以实际手段巩固和维护其既占利益。我国南海维权行动的开展中，我方执法船只将不可避免地与越、菲等国的海上巡逻船只相遇，而不可控因素随之增加，发生对峙甚至冲突的可能性也将相应增大。

（二）法理斗争加码走高，我国南海主权主张将面对更多不和音

越、菲等国认为，法理斗争具有代价小、获利大、利于将南海问题推向国际化等特点，是捍卫其南海"主权"、争取国际支持、实现其南海"主权"永久化、合法化图谋的最佳方式。随着南海周边有关国家突出将法理斗争作为与我国争夺南海"主权权益"、维护南海"既得利益"的主要手段之一，我国在外交、舆论、法理等层面的斗争压力将趋于增大。

第一，宣扬"恪守《联合国海洋法公约》"，试图推开南海诸岛主权属于中国的历史事实，图谋实现"主权"永久化、合法化。菲外长罗萨里奥2012年1月10日公开表示，菲将依照《联合国海洋公约法》，"在联合国使其关于南海及其他领土的主张合法化"。罗更是将"不使用武力"、"所有国家无一例外地尊重并恪守国际法律"等言论搬上2012年10月1日的联合国大会[①]，称菲正面临其海事领域安全、国家领土完整和有效保护海洋环境方面最为严重的挑战，为应对这一挑战，必须依靠《联合国海洋法公约》所规定的规范和规则。菲副总统比奈在2012年10

---

① "联大辩论：菲律宾外长称《海洋法公约》是解决海事争端的持久解决办法"，2012年10月2日人民网，http://world.people.com.cn/n/2012/1002/c57507-19166092.html。

月初召开的第三届东盟海事论坛开幕式上强调,《联合国海洋法公约》应该成为讨论东亚海事安全的框架①。从中不难看出,菲利用国际多边外交平台,对我国形成规制、推动南海问题多边化的图谋。特别是2013年1月以来,菲律宾积极寻求国际司法解决,将南海有关争端提交国际仲裁,公开反驳我南海权利主张,推动南海问题国际化。菲此番大张旗鼓地宣扬"依法"解决南海争端,强化了"中国威胁论"的舆论导向,并对我国南海主权主张造成一定程度冲击。

第二,注重提升国民海洋意识,加快法理体系建设,展开全面法理斗争攻势。越南政府高度重视。积极动员多种力量,全面展开法理攻势。主要手段包括:出台《越南海洋基本法》,完善国内法;加大所谓"历史证据"搜集;加大利用传媒,强化国民南海"主权"意识;民间力量配合政府的"维权"法理斗争。2012年6月,越南油气集团公布的地图明确中海油进行招标的9个油田区块属于越南200海里专属经济区和大陆架范围内,同时,越南律师协会也发表声明,强烈反对中海油有关国际招标行为;加大国际发声,强调恪守国际法,并以"航行安全"策应域外国家对南海自由航行的关注②。随着越法理攻势的进一步展开,我国南海主权主张将面临更多挑战。

第三,国际上支持有关国家南海"主权"主张的声音有所增强。美国智库战略与国际问题研究中心2012年6月底举办的关于南海问题的国际

---

① "第三届东盟海事论坛在菲律宾开幕",2012年10月3日人民网,http://world.people.com.cn/n/2012/1003/c1002-19170186.html。

② "Leader highlights EAS's role in maritime security cooperation",2012年11月20日越南政府门户网站,http://news.gov.vn/Home/Leader-highlights-EASs-role-in-maritime-security-cooperation/201211/16322.vgp。

研讨会上，澳大利亚国防学院教授卡尔-萨叶尔表示，由中国海洋石油总公司对外招标开发的油气区块位于越南200海里专属经济区和大陆架内；越南国会近日审议通过《越南海洋法》，是一个"充满积极性的举动"。美国参议员利伯曼更是明确表态，中国近期在南海的一系列举动使区域各国对其失去信任，使南海局势更加紧张，并强调国际法是解决南海分歧的唯一途径[①]。国际舆论出现倒向越、菲一边的倾向，将使得我国在南海问题，特别是南海主权主张上面对更多质疑、反对和指责。

（三）军事安全因素日益凸显，我国南海方向军事压力趋于增大

军事安全因素在南海地区形势中作用突出，敏感度高。从近期南海形势发展情况来看，地区安全中军事安全因素呈上升态势，主要体现在：

第一，海空军力发展提速。以海空军力为重点，加快军事现代化步伐已成为南海周边国家争夺南海地缘政治、经济利益的"强大杠杆"[②]。由于国防工业基础相对比较薄弱，南海周边国家将军事采购作为淘汰老旧设备、实现装备现代化升级的重要渠道。近期，南海周边国家军购案层出，以水面舰、潜艇、各型飞机为主要对象，加快海空装备引进。与此同时，在南海海洋权益争夺日趋激烈背景下，南海周边有关国家加紧制定各项海上作战预案并开展相应训练、演习，突出以保卫油

---

① "US senator slams China for undermining Vietnamese sovereignty"，2012年6月30日越南thanhniennews网站，http://www.thanhniennews.com/index/pages/20120630-us-senator-criticizes-china-call-for-oil-gas-bids-in-vietnam-waters.aspx。

② 郭渊：《南海地缘政治研究》，黑龙江大学出版社，2007年12月版，第85页。

气产区等要地、支援南沙作战为背景，重点是提高部队遂行保卫南海海洋海岛"主权"作战的能力水平。如，2012年7月，越交通运输部与庆和省人委会在庆和省芽庄联合举办2012年大规模海上搜救演习，旨在增强海员"对越海上事故应急处置能力的信任度"[①]。2012年4月，菲律宾在黄岩岛事件升温之际，高调联手美国，在濒临南海的巴拉望海岸发起滩头模拟突击行动。

第二，有关争端国减少分歧、加强协同势头明显。越、菲、马、印尼、文莱5个争端国之间虽存在海域划界争端，海上纠纷事件偶发，但鉴于综合实力与我国存在明显差距，越、菲、马等国意识到仅凭一己之力难以在南海争端中"有所作为"，在南海问题上更加注重应时之需、适时以变，灵活调整斗争策略，减少内部分歧，加大协同，一致对华。自2011年10月底越国家主席张晋创访菲期间签署多项双边协议以来，菲、越两国进一步加大海上协同，就举行联合军演、开展联合巡逻、建立海上（主要是指南沙群岛的"北子岛"和"南子岛"）协同互动程序规则等多个事项达成一致。

第三，地区内外的军事联动增强。南海战略地位突出。在南海问题升温背景下，域外国家利用有关争端方弱者心理，借机扩大在南海地区军事存在。近期，美、日、澳、俄等国与越、菲等国的防务关系均有提升，域内外军事联动出现加强。俄在金兰湾设船舶维修基地已成定局；

---

① "大规模海上搜救演习在庆和省举行"，2012年7月23日越南政府门户网站，http://cn.news.gov.vn/Home/%E5%A4%A7%E8%A7%84%E6%A8%A1%E6%B5%B7%E4%B8%8A%E6%90%9C%E6%95%91%E6%BC%94%E4%B9%A0%E5%9C%A8%E5%BA%86%E5%92%8C%E7%9C%81%E4%B8%BE%E8%A1%8C/2012 7/8121.vgp。

美重获或新增了在菲、马、泰、新及印尼等国的基地、机杨和各种军用设施的使用权，"准入"范围不断扩大，其对我国南海周边态势和危机的操制力得到提升；日本强化西南向兵力部署，并联手菲律宾，试图协同东海、南海两向，加大对华牵制力度。日本2013年2月22日与菲律宾举行第二次海上与海洋事务对话，双方"共同认为南海问题攸关国际社会重大利益"，还确认有必要加强防卫部门合作①。综上，随着南海形势中军事安全因素呈现上升态势，南海安全环境将更加复杂，我国在南海方向面临的军事压力将趋于增大；与此同时，在南海争议海域引发摩擦或对峙的可能性也随之增加。

三、结语

南海安全形势的发展深刻反映了在地区安全格局变化中，南海战略地位进一步提升，围绕海上安全多个行为主体间利益碰撞增多、战略互动增强。十八大报告提出，提高海洋资源开发能力，发展海洋经济，保护海洋生态环境，坚决维护国家海洋权益，建设海洋强国。为此，须密切关注南海安全形势的发展变化，并在对南海问题长期性、复杂性保持清醒认识的基础上，采取得当措施，切实、有效地维护南海海洋权益。

---

① "日本与菲律宾谈南海"，2013年2月23日《东方早报》网站，http://www.dfdaily.com/html/51/2013/2/23/950488.shtml。

参考文献

1. 冯梁：《中国的和平发展与海上安全环境》，北京：世界知识出版社，2010年第一版。

2. 郭渊：《南海地缘政治研究》，哈尔滨：黑龙江大学出版社，2007年12月版。

3. 李国强：《南中国海研究：历史与现状》，哈尔滨：黑龙江教育出版社，2003年版。

4. 吴士存：《南沙争端的由来与发展》，北京：海洋出版社，1999年版。

5. 章世平：《中国海权》，北京：人民日报出版社，2009年第一版。

6. 张炜主编：《国家海上安全》，北京：海潮出版社，2008年第一版。

区域与国别

文莱农业发展与粮食生产、粮食安全问题分析

厦门大学东南亚研究中心、南洋研究院教授、博导　吴崇伯

【内容提要】20世纪70年代以来，随着文莱油气产业的崛起和公共服务业的发展，当地多数农业人口弃农转行，传统农业受到很大冲击，98%以上的粮食需要进口。2008年世界粮食危机后，文莱苏丹将提高粮食自给率列入国家重点发展议事日程，政府制定了2008—2013年中期战略计划，希望通过引进高产品种、扩大耕种面积、改善基础设施、提供技术支持、与国外合作等途径，大幅提高国内大米生产自给率。但政府经济多元化计划进展不大，粮食自给率提高缓慢，且从中长期看难于实现粮食自给目标。

【关键词】文莱　粮食生产　粮食安全　与国外粮食合作

文莱位于北纬5度，属热带雨林气候，传统农作物以水稻为主。二战以前，文莱水稻生产完全自给，并有部分出口。20世纪70年代以来，随着其石油、天然气产业的崛起和公共服务业的发展，当地很多农业

人口弃农转行，传统农业受到很大冲击，农业发展总体水平落后，规模萎缩，仅占GDP总量的0.6%，文莱农业发展严重滞后。目前，文莱肉鸡及鸡蛋自给率已达90%，蔬菜86%，鱼虾及海产90%，水果自足量增至25%。但稻米及肉类自给率仍处低水平，文莱政府将拟定长期规划以增加稻米及肉类产量，文莱全国已开发农业用地8143公顷，水产养殖面积约230公顷[1]。

一、文莱的水稻种植

大米是文莱人民的主食，农业项目开发是文莱经济多元化所鼓励的重点领域，在过去30年里，文莱的粮食生产已经下降了74.5%。1977年，文莱粮食产量是4259吨，到2008年已下降了72.5%，只有1084吨。文莱的粮食产量在1974年达到最高纪录9766吨。

1999年大米种植面积为381.325公顷，产量为306.4吨；2000年种植面积463.48公顷，产量为459吨；2001年面积为491.42公顷，产量为538吨，每公顷平均产量1.16吨。全国每年需要3万吨大米，人均73公斤。98%以上的大米需要进口，现主要从泰国进口。2007年文莱粮食自给率只有3.2%。2006年，文莱当地粮食产量是895.3吨，而全国粮食消费量是31082吨。2007年，文国内粮食消费，大米累计31241吨，其他粮食累计消费11500吨，大米在国内粮食市场中占主导地位。文莱每年平均大米需求量为30235吨，2011年从泰国采购达3万吨[2]。由于近年来气候反常、自然灾

---

[1] 《文莱农业和渔业产值20年分别增长3倍和5倍》，文莱《婆罗洲公报》，2012年11月2日。
[2] 《2011年文莱从泰国采购大米占年均总需求量的99.2%》，文莱《联合早报》，2012年9月7日。

害及燃料需求大增导致国际粮食歉收，政府为确保国家粮食供应稳定而采取措施增加大米囤积量。目前，政府已扩大现有粮仓，建立米粮囤积制度以增加米粮供应，确保全国大米供应稳定。政府对大米市场价格实行补贴和管制政策，国内市场上国产大米价格远高于进口泰米售价。

文莱水稻种植面积分布（2007年）

地区名称	农民数量（人）	种植面积（公顷）	稻谷产量（吨）	大米产量（吨）	所占比重（%）
摩拉区	310.5	257	344.6	224.0	22.8
马来奕区	469.1	349	530.3	344.7	35.1
都东区	192.6	273	230.3	149.7	15.2
淡布隆区	382.4	354	406.9	264.5	26.9
合计	1354.6	1233	1512.1	962.9	100.0

资料来源：文莱农业局

1998—2007年文莱水稻产量（单位：吨）

年份	1998	1999	2000	2001	2002	2003	2004	2005	2006	2007
产量	135	199	350	299	372	547	621	851	895	983
进口	30556	35731	24388	29701	29997	29609	30126	30210	30186	30259

资料来源：文莱农业局

二、文莱政府促进稻米生产的主要政策举措

文莱现仅种植少量水稻、橡胶、胡椒和椰子、木瓜等热带水果。近年来，文莱大力扶持以养鸡业为主的家禽饲养业，鸡肉已能90%自

给，鸡蛋实现完全自给。为改变粮食进口状况，在八五期间（2001—2005年），文莱农业局的计划是争取达到大米的自给率由当时不足2%提高到4%，达到1300吨。2009年文莱稻米消费量为31786吨，人均78.25公斤/年。农业仍落后于经济其他领域。根据美国CIA数据，农业就业人口仅占劳动人口的4%，而工业和服务业就业人口比重分别为63%和33%，产值比重分别为72%和27%[①]。

文对国内市场大米供应实行价格补贴政策，2008年以来的全球粮食供应危机和国际市场粮食价格飙升对文冲击较大，高额粮价也加重了政府财政负担，粮食安全已成为文面临的重要社会经济问题，引起文高层高度关注。文苏丹在2008年7月庆祝其62岁华诞之日发表讲话，呼吁加强国家粮食安全意识，提高国内稻米等农产品的自给率，强调要制定国家粮食安全战略和农业发展政策，确保国家粮食供应。

2008年8月，文苏丹任命原能源部长叶海亚为工业与初级资源部长，加大经济多元化推进力度。文工业与初级资源部农业局提出到2010年将水稻自给率提高到20%的目标，开始着手制订短期、中期和长期农业发展规划，文财政部已增拨预算资金发展农业，并积极寻求国际合作。2012年11月1日，文莱工业与初级资源部部长叶海亚在文莱农民节庆祝活动上表示，尽管文莱农渔业产值在过去20年规模不断扩大，但肉类和粮食产量仍距自己目标较远。未来文农业发展将着眼于提高生产效率，通过政府提供农业技术培训，投入现代化机械设备，推广良种等措施，提高农业现代化水平，实现文农业长期发展目标。到2012年10月

---

① 《文莱农业发展仍拖国民经济后腿》，《文莱时报》，2012年2月15日。

底，文莱禽肉、蛋能够自给自足，水产品自给率约90%，蔬菜和水果自给率分别为86%和25%，粮食和肉类产品产量较低，主要依赖进口①。

文莱政府2009年11月10日发布了农业中期发展计划，该计划以"粮食安全"及"经济多元化发展"为指导方针，主要涵盖4个方面，即：水稻种植计划、文莱清真品牌发展计划、养殖计划和粮农计划。该计划提出，在2013年实现农业产值6.12亿文元，2023年达到27亿文元的产值（1美元约合1.4文元）。文工业与初级资源部长叶海亚在推介仪式上表示，文农业在未来20年内不仅要提高初级产品的产出，还应尽快提高农产品加工技术，提升农产品附加值。他提出，到2023年使文莱的农产品生产及加工都具有国际竞争力。

2011年7月，农业局局长艾达宣布，计划将全国稻米耕种面积增长285%，从1300公顷增至5000公顷，2015年自给率目标下调为20%。文莱政府采取许多鼓励措施，以提高稻米等农产品的自给率，确保国家粮食供应。其措施主要有：

1. 改善稻田的基本设施。近年来文政府鼓励经济多元化，重视发展现代化农业，加强排水和灌溉工程，增加土壤的肥力，积极创造更多机会让本国公民从事农业活动，扩大粮食和果菜的种植面积，增加牛、羊、鸡、鱼、虾的养殖量，扩大蛋、奶的生产，增加食品的自给率。

2. 提出更有效保护农作物的策略。强调要实现食物自给并让国民享用安全食品。在八五计划（2001—2005年）期间，政府拨款9050万文元支持农业发展，占政府拨款总额的1.24%。为调动农业种植积极性，文

---

① 《文莱将通过提高农业生产效率解决粮食安全问题》，文莱《婆罗洲公报》，2012年11月2日。

政府于2004年开始实施扶持计划，着力改善农业基础设施，提供半价化肥、杀虫剂以及咨询服务等。在该政策支持下，文农户数量和稻田面积分别从2004年的214户、757公顷增加到2007年的549户、1355公顷。文莱农业局2011年3月公布，淡布隆区将新开发115公顷耕地用于种植水稻，这将使淡布隆成为文莱水稻的主产区，并进一步帮助文莱实现粮食自给的目标。目前，文莱政府还在对这115公顷土体实施土地平整等基础设施的建设[①]。文莱农业局日前与本地农民续签3年土地租约，将354公顷土地继续投入水稻种植。文莱农业局代局长艾达在签约仪式上表示，2011年文莱水稻产量达2277吨，同比提高38%，未来3年的重点是提高水稻单产，努力实现每公顷单产由目前的1.9吨提升至3吨的目标[②]。

3. 采用高品质稻种。文政府于2009年4月27日开始进行大规模的种稻计划，以推动农业生产而达到自供自给的目标。在国家种稻计划下，文莱政府在全国大规模种植本地的"莱拉"稻米。2010年3月收割的"莱拉"稻米产量约180吨，占全国需求量的6%。2010年国家种稻计划分3期收割，即3月、8月及12月。预期2010年8月及12月的两次收割将使"莱拉"稻米产量增加至5800吨至6000吨，达到全国需求量的20%。2010年，全国水稻种植地从原有的1354公顷扩大至2783公顷；到了2015年，将进一步扩大至5380公顷，届时，"莱拉"稻米产量将增至18000吨，占全国需求量的60%。"莱拉"新品种稻米品质佳，适合文莱农业发展，该新品种虽无法确定可否达到文莱政府所设下来自供自给的目标，但却

---

① 《文莱将在淡布隆区新开发115公顷水稻田》，中国商务部网站，2011年3月22日，http://www.mofcom.gov.cn/aarticle/i/jyjl/j/201103/20110307457698.html。
② 《2011年文莱水稻产量提高38%》，《文莱时报》，2012年10月18日。

可提升文莱的农业生产[1]。文莱农业局正在通过新加坡Sunland农业科技公司引进两个杂交稻品种,通过其亲本培育出新品种SAT-11,计划在通过口感和潜力评估后在文莱缺水地区大范围种植,取代当地品种,如莱拉(产量3—4吨/公顷)和普苏(产量1—2吨/公顷)。据称,该品种湿谷产量可达每公顷12吨、干谷7.5吨[2]。

文莱农业局2013年初委托一家本地企业,负责新建大米加工和仓储中心。加工中心预计加工能力为3.5吨/小时,仓库存储能力为1000吨大米,两项工程将于2013年5月完工。文莱工业与初级资源部长叶海亚表示,加强大米加工和仓储能力是实现自给自足的重要环节,文政府在提高大米产量、加工和仓储能力等各方面的工作正有序开展。最近3年(2010—2012年),文莱大米自给率分别为3.31%、4.4%和5.06%[3],呈稳健增长趋势,并随着近期扩大种植面积,引入不同品种,加强加工与仓储能力,文莱仍希望2015年实现大米自给率60%的目标。

文莱的农业比较落后,土壤贫瘠,20世纪70年代以后,由于油气产业和公共服务业的发展,传统的农业受到冲击,而现代化农业又远未发展起来,农业生产力水平较低,一般是家庭式的经营。为此,文莱政府加强了宣传力度,农业局计划举办数个活动,如收割稻米节等,作为常年活动之一。主办稻米收割节活动的宗旨是:培养互相合作文化,密切政府与农民之间的关系;提高公众对种稻的认识;展示政府对本地农民

---

[1] 《"莱拉"(LAILA)稻米今年收割量有望达到6000吨》,新加坡《联合早报》,2010年9月15日。
[2] 《文莱加强国际合作提高粮食自给率》,《文莱时报》,2012年2月15日。
[3] 《文莱新建大米加工仓储设施,努力实现2015年60%自给目标》,中国商务网,2013年1月16日,http://www.mofcom.gov.cn/article/i/jyjl/j/201301/20130100004691.shtml。

的关怀。此外，农业局认真评估水稻业的经济发展，在稻米种植多元化的过程中注重对自然环境、经济、文化、社会及安全食物影响的考虑。在稻米收割后种植其他农作物如玉米、花生、大豆、胡椒等，不但能改善地质，而且还能增加农民收入，降低土地对农药的依赖。农业局官员鼓励稻农使用综合方式提高经济效益，如在稻田中养鱼，稻田旁种植香蕉等水果。政府2007年拨出75万文元给农业局，以提高大米产量。近两年政府共拨出240万文元支持农业，其中60万分配给购买稻米援助基金，20万用于改善灌溉系统及道路等。

三、文莱稻米生产与粮食安全国际合作

文莱土壤呈酸性，不适于稻米种植，为此，文莱正积极与澳大利亚和日本专家探讨改良土壤的方法，同时鼓励外国企业家投资文莱农业，从事稻米种植。在文莱苏丹的亲自督促下，发展水稻种植成为农业领域工作的重中之重。目前已有中国、韩国、菲律宾、新加坡等国参与各种形式的文莱稻米实验和发展项目[①]。

韩国Landevel有限公司与文莱工业和初级资源部农业局2010年9月启动水稻种植可行性研究，该研究将由文莱企业采用韩国最新技术，尤其是排水和灌溉技术，这是Landevel公司在文莱200公顷土地上开展水稻种植合作的一部分。合作首期将在50公顷土地上试种16个水稻品种，其中含5个韩国品种、5个柬埔寨品种、2个泰国品种、1个越南品种和包括"莱拉"、"普苏"和"雅丹"在内的3个文莱当地品种。合作方期望

---

① 《中国—文莱水稻研发合作项目圆满结束》，文莱《婆罗洲公报》，2011年10月18日。

每公顷可产稻米3.5吨。此外，文莱农业局与新加坡SUNLAND AGRI-TECH公司杂交水稻发展计划启动仪式也于2010年9月17日在文莱基拉纳斯农业研究中心举行①。

由中国广西玉林市政府和文莱工业与初级资源部农业局开展的水稻研发合作始于2010年4月15日。在为期6个月的研发过程中，中方人员在总共3公顷的荒地上试种了10个品种，平均每公顷干谷产量为6.86吨，其中文莱的莱拉品种平均每公顷干谷产量5.41吨，比文莱最高纪录高出2.41吨，获得文莱政府的好评，取得了圆满成功。中国专家称，按此趋势，文莱要达到粮食全部自给不成问题。中国政协副主席兼中国工商联主席黄孟复率工商联代表团于2011年10月9日对文莱进行为期4天的访问，代表团中从事水产养殖的广东恒兴集团对在文投资农渔业表现浓厚兴趣，希望在未来与文工业与初级资源部展开全面合作。文莱方面表示，文莱正积极推行经济多元化，农渔业是重点发展行业，文政府十分欢迎中国公司到文投资，并将提供多方支持。2011年10月24日文莱工业和初级资源部部长叶海亚在南宁参加中国—东盟博览会时表示，文莱正努力吸引更多来自中国的投资，尤其是在农业和水产养殖这两个领域。他特别强调希望能有中国投资者到文莱正在建设的农业科技园投资。该园区面积500公顷，目前园区建设已完成一半②。

文莱工业与初级资源部农业局2011年9月20日与日本三菱商事株式会社签署"合作与协助发展及改进文莱农业实习技术"合作谅解备忘录，

---

① 《文莱与新加坡开展杂交水稻合作》，新加坡《联合早报》，2010年9月20日。
② 《文莱农渔业期望更多中国投资》，文莱《婆罗洲公报》，2011年10月25日。

双方将继续加强农业领域合作，特别是农业管理，其他合作包括实地考察、土壤测试、提高种植技术和化肥施用方法等。合作谅解备忘录旨在通过各项作物生产，提高文莱农民和工作人员对农业和化肥应用技术的认识与了解，提高农民的管理能力，以有效提高作物产量和粮食安全的管理水平。合作谅解备忘录主要合作项目包括：在淡布隆县、都东县和文莱摩拉县进行实地和土壤调查；在淡布隆县、都东县和摩拉县进行实验栽培，发展更好的栽培技术和施肥方法；协助文莱发展稻田种植和化肥使用；向政府官员提供在职培训等[①]。

2011年10月，台湾向文莱提供9个精选品种供文方筛选，孟加拉国也表示，愿同文莱分享高产稻米品种的技术和经验，并提供劳力。2011年10月，东盟10国同中日韩在雅加达签署紧急大米储备协定，在总数78.7万吨储备中，文莱需提供3000吨大米储备和10万美元资金援助。其他国家配额为中国30万吨，日本25万吨，韩国15万吨，越南和缅甸各1.4万吨，印尼和菲律宾各1.2万吨。

文莱工业与初级资源部部长叶海亚表示，文莱政府计划新开垦5000公顷土地，用于稻米生产，满足文莱不断增长人口的粮食需求。尽管新增耕地面积不及国土面积的1%，但产量可超过4万吨，超出文粮食总消费量7000吨，不仅可如期实现2015年粮食自给60%的目标，文莱也可达到粮食全部自给。为实现上述目标，文莱将积极提高粮食单产、增加耕种季节、改善基础设施[②]。

[①] 《文莱与日本三菱签约开展农业技术合作》，文莱《文莱时报》，2011年9月22日。
[②] 《文莱坚信2015年可实现粮食60%自给》，文莱《婆罗洲公报》，2011年8月15日。

文莱目前正寻找合适机会，进行海外农业种植及清真食品生产，主要目标地为缅甸和越南等国。在海外进行农业种植和清真食品加工将弥补文莱生产资源短缺、生产设备价格不菲等问题，相当于将农业和部分农产品加工业外包。此前，文莱曾在澳大利亚购买了面积为5860平方公里的土地用于养牛，所产牛肉主要供应文莱市场[①]。发展清真食品生产是文莱确保国内粮食安全与食品价格稳定的又一重点，全球清真产品市场价值5.7亿美元，其中仅清真食品就占了1.6亿美元，为此，2007年8月，文莱推出了清真品牌认证，到2013年，文莱的清真品牌预计将为文莱带来1.6亿美元的收入。2006年，文政府与国外合作开发"文莱优质哈拉"清真食品品牌，并举办了文莱第一届国际清真产品展。

经过几年的努力，文莱的粮食生产取得了一定的成效，到2009年年底，文莱的大米自给率为6%左右，文莱家禽业已经占到农产品总额的58%，但其他农产品如牛羊肉、牛奶及其制品仍需要从澳洲、中国和印度进口。特别是文莱稻米自给计划实施效果并不理想。2011年文莱全国稻米产量增长30%，达到2143吨，为历史最高[②]。尽管如此却仍然未能实现2010年稻米自给率达到20%的目标，为此，文莱工业与初级资源部在第七届立法会上备受批评。该部2011年继续推动并敦促本地农民加强国际合作，提高稻米产量。部长叶海亚表示，2007年稻米自给率仅为3.12%，2010年确未达到20%既定目标。但原目标过高，只是希望激励农民尽可能增产。若没有这个目标，现在产量可能更低，仅1.5%而已。文

---

① 《文莱计划开发海外农业生产》，《婆罗洲公报》，2012年12月19日。
② 《文莱2011年稻米产量达到创纪录的2143吨》，中国商务网，2012年3月5日，http://www.mofcom.gov.cn/aarticle/i/jyjl/j/201203/20120307995910.html。

莱原希望2010年新开垦耕地2360公顷，结果只完成1355公顷，原预计单产可达每公顷3吨，结果只有1.4吨。为此，文莱工业与初级资源部农业局2012年年初与加拿大一家顾问公司签署委托顾问协议，正式启动文莱粮食发展中心建设。设立粮食发展中心的主要目的是提升国内粮食产量和食品加工的品质与安全水准，增强本地食品工业出口能力并培养本地食品加工和行销人才。粮食发展中心将建在东姑地区的文莱农业技术园内，将配备试验室（8个专门试验室，如食品微生物化验室、食品化学试验室、食品包装试验室、食品生物技术化验室等）、仪器和设备等，是一所完全符合国际标准的新设施。

文莱经济发展中存在的主要问题是国内市场狭小、基础设施薄弱以及技术和人才短缺等。文莱一直以来经济增长缓慢；2007年0.6%，2008年0.5%，2009年受全球金融危机影响较大，负增长25%，2011年经济增长2.1%，2012年仅2.3%。文莱劳动力缺乏，不仅缺乏技术人员，也缺乏一般劳动力；而政府对外来移民严加限制，担心马来人主体地位、破坏环境等。马来人只愿意到管理部门和事业单位工作，不愿到制造业、农业、渔业等部门工作，更不愿投资发展私人经济，因此，文莱经济多元化计划成效不大。文莱经济计划发展局2013年初公布，总预算54.2亿美元的文莱第十个国家发展规划（2012—2017年）在2012年完成预算8.3亿美元。其中，多元化发展项目得到高度重视，文莱专设人力资源发展基金约2.1亿美元，研发基金约1.7亿美元，中小企业发展基金约8300万美元，大力刺激非油气产业发展。但文莱粮食自给率要在2015年达到60%显然目标太过宏伟，从中长期看，文莱粮食安全对国际市场，尤其是对泰国的依赖难于减轻。

缅甸地理政治区位特征及其或然性前景

国防大学战略学博士后科研流动站进站博士、
武警指挥学院指挥一系讲师 李枫

【内容摘要】三亚通衢、两洋陆桥是缅甸地理政治区位的显著特征,伴随人类交通能力不断提高,地理障碍对人类活动的阻滞效力相对减弱,不同文明之间彼此暴露、接触与摩擦的可能性趋于上升,缅甸是一个多文明交会的国家,在以恐惧、羞辱和希望三种情感文化为尺度,全球政治地图的未来重绘中,缅甸区位特征的或然性前景,无疑将导致涉缅问题的敏感度与复杂性大大增加。

【关键词】缅甸 区位 地理政治

若以沃勒斯坦(WALLERSTEIN Immanuel)世界体系(World System)方法论视之,通过三次英缅战争(The Anglo-Burmese Wars,1824—1826,1852,1885),缅甸全境逐渐沦为英国殖民地,在以不等价交换和资本积累为其运行动力的世界体系内,国民经济发展严重依赖农产品出口的缅甸,在经济专业化的空间等级中逐渐居于"边缘"地位。然而，在经济上地位"边缘"的缅甸，却并未因此而消失在国际政治舞台的聚光灯下，各大国在聚焦缅甸的利益竞争中一贯兴味盎然，原因何在？

本文认为，这主要是由于缅甸在全球地理政治格局中区位条件独厚所致。一个国家的地理政治区位，主要由该国与他国在空间上的相对位置关系所呈现，是国家间权力互动的重要外部条件，居于战略要地的国家，往往成为地区乃至全球博弈的重要选址所在，缅甸就是这样的一个国家。人类对缅甸区位特征的认知，是伴随自身交通能力不断提高而深入发展的，本文通过对以缅甸为中心国际政治史纲的重构，拟重点讨论下述两个问题：第一，缅甸地理政治区位的显著特征是什么？第二，全球化背景下，该特征的或然性前景如何？

一、三亚通衢：贸易往来、文化传播与权力整合的陆路通道

缅甸国土内嵌于东亚、东南亚和南亚三大地理单元之间，其"三亚通衢"的区位特征较早为人所知并发掘利用。

在人类航海技能出现质跃之前，居于陆域不同地理单元的人群就已经开始跨越缅甸行走交通。吴丁昂（Htin Aung, U.）认为，早期"人们认为海洋比陆路更危险，故印度与中国、中南半岛之间的贸易（主要）经由缅甸进行"。[①] 方国瑜也认为，"长沙出土战国时期楚墓中的琉璃耳珠，当是由印度转输而来的……楚国庄蹻将兵到滇池，正由于此路已开，而且庄蹻留在滇池以后，这条交通线更加发达了。所以在公元前4世纪时期中国与印度已有交通，也就是中国与缅甸之间在这时期已有交

[①] Htin Aung (U.), *A history of Burma*, New York: Columbia University Press, 1967, p. 3.

通。"① 人类是人地关系系统中的主观能动者,交通线路的通畅,往往唤起一定规模人类迁徙活动,如据《腾冲县志》记载,"早在公元前4世纪的战国时期,即有一条北起成都,南下云南,经腾冲至缅甸、印度的'蜀身毒道'。从那时起,腾冲就有人进入印缅及东南亚地区进行贸易往来,定居在那里。"②

张骞归报见闻后③,缅甸逐渐成为东亚、东南亚和南亚三大地理单元间,贸易往来、文化传播与权力整合的重要陆路通道。在贸易往来上,公元前105年,汉朝基本完成在西南夷的设郡置县工作,其后,永昌郡"交汇东西,控驭南北,其成为中国大陆与东南亚、南亚商业交通的一个重要中转站",④ 对外贸易往来长足进步;在文化传播上,"纪元1世纪时,云南及缅甸之通道……亦得为佛法输入之所必经",⑤ 缅甸"三亚通衢"的区位特征也由此被赋予了文化传播的新鲜意涵;在权力整合上,751年、754年天宝战争后,唐室衰微,南诏势力大为扩张,762年阁逻凤率大军"西开寻传",势力达到伊洛瓦底江(Irrawaddy)流域。937年段思平建立大理国,1253年忽必烈率10万大军进攻大理,次年大理亡,后忽必烈三征缅甸,并在缅设置过经略作为有限的行政区划单位。明"三征麓川"期间,"西南丝路空前繁忙,入滇明兵设置邮

---

① 方国瑜:《古代中国与缅甸的友好关系》,云南省历史研究所编:《云南省历史研究所集刊》第1集,第1—7页。
② 腾冲县志编纂委员会编:《腾冲县志》,北京:中华书局,1995年,第683页。
③ 汉武帝元狩元年(公元前122年),张骞归报"臣在大夏(Dalgra)时,见邛竹杖、蜀布。问曰:'安得此?'大夏国人曰:'吾贾人往市之身毒(Sindhu)。身毒在大夏东南可数千里……'以骞度之,大夏去汉万二千里,居汉西南。今身毒国又居大夏东南数千里,有蜀物,此其去蜀不远矣。"参见司马迁《史记》卷123《大宛列传》第63(北京:商务印书馆,1945年,第50—65页)。
④ 蓝勇:《南方丝绸之路》,重庆:重庆大学出版社,1992年,第33页。
⑤ 释东初:《中印佛教交通史》,台北:中华佛教文化馆,1991年,第39页。

传、征发土人随其疆域远近，开筑道路，广设驿站，以六十里为一驿，一直修筑到腾冲、金齿，沿途都设有驿站"，① 加之明施海禁，华侨出国困难很多，只有从云南陆路出国，不受限制。于是，滇中各地特别是大理、腾冲一带商人到缅甸经商的络绎不绝，不少人与缅人通婚并留居缅甸。② 清朝前期，永历帝入缅、清缅战争等情况，也对滇缅陆路交通拓展持续追加了动力。

二、两洋陆桥：域外力量由海路渗入东亚大陆的切口

如果说"三亚通衢"是一个与农耕时代密切关联的概念，那么，缅甸"两洋陆桥"的区位特征，无疑成型于工业时代背景下，域外力量以缅甸为切口由海路渗入东亚大陆的过程中。

18世纪中后期，瓦特（WATT James）成功改良蒸汽机后，率先进入工业时代的英国成为"世界工厂"，产能迅速提高，急于在全球推销商品。1815年拿破仑战争（The Napoleonic Wars，1803—1815）结束后，英国的注意力进一步投向亚洲，第一、第二次英缅战争先后爆发。1852年后，孟加拉湾（The Bay of Bengal）这一昔日佛教徒的内湖，已完全为英国殖民者所征服，随后，谋求将其殖民势力经滇缅陆路进一步北溯至长江上游地区，以实现与其在长江中下游既得利益的融会贯通，成为英国远东殖民扩张的一个重要方向。如1863年英国驻曼德勒（Mandalay）

---

① 陈炎：《海上丝绸之路与中外文化交流》，北京：北京大学出版社，1996年，第243页。
② 云南省地方志编纂委员会总纂，云南省侨务办公室编撰：《云南省志》卷56《侨务志》，昆明：云南人民出版社，1992年，第59页。

官员威廉姆斯（WILLIAMS Clement）就曾谈道："如果印度洋一带能与中国西部交通，那么英国在中国东部的商业，便可以跟印度以电报直接往来。……倘若从瓦城（曼德勒）修筑一条铁路到八莫（Bhamo），再从八莫筑商路经过云南的腾越（腾冲）、永昌（保山）、大理到云南府（昆明），由云南府再展至四川的叙州（宜宾），即可顺长江水道直到中国东部。"① 通过1885年第三次英缅战争，英国殖民者最终征服了上缅甸，其后，英属缅甸境内的交通网络也不断向滇缅边域延伸开来，如1889年锡当河谷（Sittang Valley）铁路②铺设至曼德勒，1899年再延伸至密铁拉（Myitkyina）。一战前夕统一的德意志帝国迅速崛起，打破了欧洲传统均势和平，也对世界殖民体系构成了有力挑战，英国战略重心遂重返欧陆，其塑造缅甸为"两洋陆桥"的战略规划终未完全实现。

卢沟桥事变后日军全面侵华，华北、华东、华中各区相继沦陷，中华民国国民政府迁都重庆，为便利国际援华物资运输，1937年11月滇缅公路西段工程启动，1938年8月全线通车，并于次年7月南下通至缅甸腊戍（Lashio）、12月北上连接四川泸州（即川滇公路）。汉威尔（HANWELL Norman D.）认为：为贯通滇缅陆路交通，"英、中双方均曾颇多规划（而未成其事），直到日军袭来，才为这条道路的最后修筑（贯通）提供了动力。"③ 为完成对中国西南战略后方的包抄合围，1942年初日军入侵缅甸，并在不到半年的时间里，就完成了对缅甸全境

---

① 万湘澄：《云南对外贸易概观》，昆明：建兴印刷局，1946年，第9—10页。
② 1884年即第三次英缅战争的前一年，该铁路"仰光（Rangoon）—东吁（Toungoo）段"建成通车。
③ Norman D. Hanwell, "China driven to new supply routes". *Far Eastern Survey*, Vol. 7, No. 22 (November 1938), pp.258-260.

的征服，日本也由此成为继英国之后，第二个试图经由下缅甸沿海地区，将其侵略势力渗入东亚大陆的域外海洋国家。日军缅甸作战及两年后盟军反攻缅甸战场期间，缅甸战事当之无愧成为远东战局演进的一个核心推力，在军事交通"开启—关闭—再开启"的对抗过程中，缅甸"两洋陆桥"的区位特征基本成型。

三、或然性前景：多文明交会语境下情感文化的混合体

除"三亚通衢"、"两洋陆桥"而外，缅甸也是一个多文明交会的国家，全球化背景下，其地理政治区位特征的或然性前景如何？

二战结束后，经济上的地位"边缘"，无碍缅甸继续成为亚太国际政治、安全竞争的一个地区焦点。1948年在本国民族精英的带领下，缅甸人民仓促完成了脱英独立的历史使命，以在联合国声讨美国援助滞留缅北的国民党军李弥部为开端，缅甸与西方世界渐行渐远。冷战期间，即便被视为美国围堵欧亚大陆边缘地带（Rimland）不可或缺的一环，但缅甸在外交上选择了不结盟政策，并于1962年走上了缅甸式社会主义道路。1988年新军人政府上台后，缅甸国内政策局部调整，但因其拒绝承认1990年大选结果，而遭到西方世界不断强化的制裁、封锁与打压。期间，即便与邻国关系发展小有所成，但从整体上看，缅甸自外于国际社会的状况并未根本改变。美国奥巴马政府上台后，认为在阿富汗战争（Afghanistan Wars，2001）和伊拉克战争（Iraq Wars，2003）期间亚太"战略失衡"，遂宣布美国战略重心将"重返亚太"，推行所谓"亚太再平衡战略"（Asia-Pacific Rebalancing

Strategy），期间美缅关系持续升温，西方各大国也纷纷加强了对缅关系的发展。2013年5月20日，缅甸总统吴登盛（Thein Sein，U.）成为继1966年吴奈温（Ne Win，U.）访美以来，47年后首位到访白宫的缅甸国家元首，标志美缅关系跨越了新的门槛，可预见未来，各大国以缅甸为焦点的博弈竞争必将加深。

在问题的另一面，距离衰减原理（Distance Decay）认为，地理要素相互作用的效力是随它们之间距离的增加而逐步减弱的，逆向思维之，假设不同地理单元间交通可通达性不断跃升，信息沟通能力不断增强，各地理要素之间的相对距离被不断拉近，又将作何影响？对此，亨廷顿（HUNTINGTON Samuel）文明冲突论（The Clash of Civilizations）的阐释路径是：世界在"不断变小"，不同文明集团的接触趋于经常，彼此间产生摩擦的几率增加，出于对同类的喜爱以及对异类的憎恶，文明冲突将成为未来冲突的主导模式。独特的自然地理条件和社会历史状况使然，缅甸也是一个多文明交会的国家，总体而言，缅甸归属佛教文明，早期缅甸"在东南亚的王国中（就）经常起着领导者的作用。缅甸把佛教介绍到了邻国，后来又成为了东南亚佛教的捍卫者"。[1] 吴努执政时期，曾考虑将佛教定为国教，一度引发社会动荡，[2] 如今，即便佛教并未被法定为缅甸国教，但仍已成为"缅甸人信奉的主要宗教，在缅

---

[1] Htin Aung (U.), *A history of Burma*, pp.3-4.
[2] 1961年8月26日，吴努向议会作了"关于通过佛教为国教的宪法修正案"的报告。当规定国教的宪法修正案获得通过时，僧侣们高兴得连呼"善哉、善哉"，颂扬吴努的功德。当再次修改宪法，规定给其他宗教以同样的权力，允许自由传教和自由信仰时，他们又激烈地抨击，说把佛教定为国教没有什么内容，全是空的。参见［缅］貌貌著：《缅甸政治与奈温将军》，赵维扬、李孝骥译，昆明：云南省东南亚研究所，1982年，第369—370页。

甸大概有89%的人信奉佛教"。① 此外，缅甸国内也存在诸多基督教、天主教或伊斯兰教等"文明飞地"，如缅甸克钦（Kachin）就与梵蒂冈保持着长期而密切的联系，克钦天主教会的红衣主教（Cardinal）为该区最高教职，在以佛教和穆斯林为主的中南半岛和南亚次大陆，克钦是天主教的"唯一绿洲"。

全球化背景下，伴随人类交通能力不断提高，地理障碍对人类活动的阻滞效力相对减弱，缅甸国内宗教、族群等矛盾也越来越问题化，并对其内政外交乃至地区国际政治构成了深刻影响。如2013年5月初以来，缅甸佛教团体与穆斯林的相互"攻击"，逐渐越过若开山脉（Rakhine Yoma）的地理阻隔，而蔓延到了缅甸本部地区，吴登盛政府也由此陷入这样一种两难困境：若顺应主流民意，对宗教、族群少数派态度强硬，则可能导致缅美关系倒退；若完全放开相关政策，又极有可能点燃其国内各省邦要求独立的燎原之火，为局势进一步恶化埋下祸根。吴登盛政府不会忘记：1962年奈温政变的直接原因，就是军队认为吴努（Nu, U.）政府在宗教、族群问题上缺乏良策，缅甸联邦面临分裂危险而接管国家政权的。在牵制其内政外交政策之外，缅甸的宗教、族群问题更极有可能发酵恶劣的国际政治后果，如2013年5月初缅甸族群冲突蔓延以来，印度尼西亚、埃及、沙特阿拉伯、巴基斯坦、马来西亚等国，就分别对吴登盛政府提出过严厉批评。一些国际恐怖组织也向缅甸发出威胁：誓言将报复缅甸对罗兴亚人（Rohingya People）

---

① Robert Dayley and Clark D. Neher, *Southeast Asia in the New International Era*, Boulder, CO: West View Press, 2010, pp.199-201.

所犯下的"罪行"。有人甚至扬言称：如果缅甸不善待罗兴亚人，就要把战争引入缅甸。莫伊西（MOÏSI Dominique）情感地缘政治论（The Geopolitics of Emotion）提出以恐惧、羞辱和希望三种情感文化为尺度，来重绘全球政治地图，这对我们观察缅甸区位特征的或然性前景有何启示？缅甸是亚洲的一员，与中、印这两个"希望文化"主导国家为邻，且目前缅国内政治、经济改革也获得了外界的积极回应，但若借此就简单地以"希望"来定位缅甸的未来，似乎仍然缺乏足够的说服力，因为缅甸各项改革的实效如何仍有待时间检验，且如前所述，缅国内各种社会问题依然顽固性存在，"羞辱"、"恐惧"这两种情感文化在缅甸同样不乏载体。如前述缅甸境内穆斯林所遭遇的排挤和冤屈，就极有可能在他们身上变异"羞辱"，甚至"仇恨"的基因。又如与美国、欧洲害怕失去自己的国家身份和目标不同，缅甸则"恐惧"再度被国际社会所抛弃。① 未来缅甸区位特征的或然性前景，似乎正验证了莫伊西这样的判断："一个国家同时拥有恐惧、羞辱和希望，这三种情况混杂一起，（可能）组成一种强大的感受和冲动的混合体。"②

---

① 1883年5月缅甸末代国王锡袍（Thibaw）派外交使团出访巴黎，试图通过与法国结盟的方式，博取后者对自己的承认和援助，借此挽回亡国厄运，但却遭到了法国的背叛和抛弃。1885年第三次英缅战争后，英国殖民者将缅甸行政区划为英属印度的一个省，彻底羞辱了缅甸人民的民族自尊，缅甸再遭抛弃。1942年锡当河会战失利后，驻缅英军即一路败退回撤，并未组织对日军的有力抵抗，一度完全抛弃了缅甸战场。另如前所述，20世纪90年代以来，缅甸又遭到以美国为首西方世界不断强化的制裁、封锁与打压，直到2009年后缅美关系才逐渐回暖。

② ［法］莫伊西著，姚芸竹译：《情感地缘政治学：恐惧、羞辱与希望的文化如何重塑我们的世界》，北京：新华出版社，2010年，第134页。

四、结语

缅甸位于中南半岛西端,其国土海陆兼备。北与中国青藏高原南延部分,东北与滇西南低热河谷区山水相连。西北由那加丘陵(Naga Hills)所隔,与南亚次大陆东北部接壤。南濒孟加拉湾(Bay of Bengal),与印度安达曼群岛(Andaman Is.)隔海相望。其国土东南部狭长海岸线更一路南延至克拉地峡(Isthmus of Kra)北侧,对马六甲海峡(Strait of Malacca)上游航道形成天然扼控。诚然,今日缅甸的国土形状,也是在漫长历史过程中逐渐形成的,但相信古往今来各大国之所以对缅甸如此看重,无不与缅甸"三亚通衢"、"两洋陆桥"的地理政治区位特征密切相关。全球化背景下,当地理障碍对人类活动的阻滞变得轻易即可跨越,佛教文明、中华文明、印度文明、伊斯兰文明、西方文明等不同文明集团,更大程度地彼此暴露、接触,乃至相互摩擦于缅甸,这样一个各大国竞相角逐的,政治体制勉力转型、国民经济破茧欲出、社会稳定颇多考验的情感文化混合体内,所构成的或然性前景,无疑将导致涉缅问题的敏感度与复杂性大大增加。

越南占族历史与宗教信仰

广西民族大学东盟学院研究员、博士 滕成达

【内容提要】 占族是东南亚的跨国民族，占族及其迁移的历史与古代的占婆王国有密切关系，婆罗门教、伊斯兰教对越南占族文化产生了深刻的影响，使得越南占族中产生了婆尼教，并形成了婆罗门教、婆尼教、伊斯兰教三种宗教信仰并存的局面，占族宗教信仰的形式和特点反映了占族社会文化的特点。

【关键词】 越南 占族 历史 宗教信仰

占族是东南亚的跨国民族，主要分布在越南，还分布在柬埔寨、马来西亚、泰国、老挝等国家。越南占族主要居住在越南中部的平顺省、宁顺省和南部的安江省，零星分布在越南中南部到东南部和西南部各省市。占族属蒙古人种南亚类型，语言文字属南岛语系，信仰的宗教有婆罗门教、婆尼教和伊斯兰教，部分占族保留着母系家庭制度的残余。占族的雕刻艺术和占婆塔举世闻名，占婆塔大多是历代已故帝王的陵墓，带有浓厚的宗教色彩，宗教是占族文化最有特色的部分之一。现代越南

占族的分布、宗教信仰与历史上曾在越南中部地区出现的占婆王国有着极为密切的关系。

一、占婆简史与占族的迁徙

占婆王国和占族曾有辉煌灿烂的历史，占婆文化是受印度文化影响的农业文化，其发展的极盛时期是3世纪至13世纪，14世纪后逐渐衰落。公元192年占族先民在现越南中部建立"林邑王朝"，自称"占婆"，中国史书先后称之为"林邑、环王、占城"。占婆在历史上与中国交往甚密，中国北方种植的优良水稻品种之一"占城稻"，是由占婆引进的，1409年郑和下西洋的第一站就造访占婆。越南史籍记载，9世纪以前有关林邑、环王、占城的记录，都转自中国史籍。《旧唐书》卷一九七记载："林邑国，汉日南象林之地，在交州南千余里……拜谒皆合掌顿颡嫁娶之法，得取同姓……以棺盛尸，积柴潘柩收其灰，藏于金瓶，送之水中。俗以二月为岁首。四时皆食生菜，以槟榔汁为酒。"《明史》有这样的记载："占城居南海中，自琼州航海顺风一昼夜可至，自福州西南行十昼夜可至，即周越裳地。秦为林邑，汉为象林县。后汉末，区连据其地，始称林邑王。自晋至隋仍之。唐时，或称占不劳，或称占婆，其王所居曰占城。至德后，改国号曰环。迄周、宋，遂以占城为号，朝贡不替。"

根据考古发现推断，占婆的地域范围包括现在越南的广南、平定、庆和、藩琅。公元192年占婆建国后，马来人多次对占婆进行挑衅，787年马来人从海路进攻占婆，烧毁了藩琅白石山附近的庙宇。在种族、语言和信仰方面，占族和马来人比较接近，历史上曾有占婆国王与马来公主联姻。10世纪到18世纪，越南历代王朝发兵攻打占婆，14世纪时占婆开始衰落，占族先民不断南移。1471年黎圣宗亲征占城，占婆国王被擒，占婆被分为三个小国：占城、华英和南藩。这使得大批占族背井离乡逃到柬埔寨，以躲避越族的压迫和统治。现在柬埔寨的一些地名仍带有占族文化的特点，反映了占族曾在当地居住。

经过长达700多年的频繁交战后，曾拥有极盛文化的占婆王国，最终被越南所灭，17世纪并入越南版图。到了19世纪，阮朝统一越南，对占族实行苛刻的统治，试图同化占族，强迫占族人穿越族服饰。种种变故使得占婆王国逐渐衰落，占族多次外迁，除了越南，占族还分布在柬埔寨、马来西亚、中国的海南岛、泰国等地。信奉伊斯兰教的占族落籍海南岛的原因，主要是躲避自然灾害和战乱，海南省三亚羊栏的回族迄今流传着其先祖出海捕鱼，被飓风卷到汪洋大海中，漂泊到海南岛沿岸登陆落户的说法。9世纪以来，占婆跟中国已友好往来。宋代时占婆遣使朝贡，往来频繁，占婆遣使多由海道入境。凡有交趾侵犯，占婆大多向中国求援。三亚羊栏的回族先民，有一部分是由占婆于"宋元间，因乱，挈家驾舟而来，散泊海岸"。这些占族的后代是现在海南回族的主要群体之一。

此外，一些占族通过陆路，向西经越南中南部高原外迁，有的占族通过陆路或者水路迁徙到现越南南部和湄公河三角洲，然后沿湄公河逆流而上到了柬埔寨。现柬埔寨南部和沿海地区有不少占族村落。19世纪中叶，柬埔寨出现战乱，迫使占族在1854年和1858年大批迁徙到现在越南的安江省，随着湄公河三角洲的开发，安江等地的占族到胡志明市谋生，胡志明市的占族人口逐渐增加。在占婆故地，占族聚居在宁顺和平顺两省。现在越南中部的占族是古代占婆王国幸存居民的直系后裔，柬埔寨的占族是古代占族与马来人、高棉人的混血后裔。

二、婆罗门教和伊斯兰教对越南占族的影响

现越南和老挝边境地区的长山山脉将中南半岛分成了两部分，其东北部受中国文化的影响，西南部（包括占族居住的地区）受印度文化的影响。从2世纪建国时起，占婆就受到了印度文化的影响，越南庆和省永昌县的一块古碑上发现了梵文，这是印度文明影响的证明。占婆王国建立之初，婆罗门教已经传播到占族之中，成为了占族的宗教信仰，婆罗门教经历了极盛的发展阶段，一度成为占婆王国的国教，占婆的古塔有婆罗门教的神的形象。婆罗门教对占族影响深刻，表现在占婆王国历代的建筑遗迹，比较有名的是建于公元9世纪、广南省美山的占婆塔遗迹，美山遗迹已被联合国教科文组织确认为世界文化遗产。婆罗门教影响了越南中南部四分之三的占族人口，对信仰婆尼教的占族也有影响。随着时间的流逝，特别是占婆王国灭亡以后，婆罗门教的正统地位逐渐衰落。

对于伊斯兰教传播到占婆的具体年代，有不同的观点。7世纪伊斯兰教在阿拉伯半岛出现，逐渐传播到印度，1193年印度的德里成为了东方伊斯兰教的中心。随着商业的发展，阿拉伯商人和印度商人把伊斯兰教传播到了马来人和爪哇人中，马来半岛先后出现了两个伊斯兰教王

朝，伊斯兰教随后传播到了东南亚的其他地区。在越南中部广南沿海出土了一些陶片，被认为是10世纪以前出产于伊朗和西亚地区，这反映了占婆与阿拉伯商人的贸易往来关系。有日本学者认为，根据伊本·白图泰的笔记，14世纪印度旅行家伊本·白图泰在从印度到中国的途中，曾在占婆南部靠岸停留，他拜会了占婆的公主，公主可以用土耳其语与其交谈，熟练地书写阿拉伯文。有研究者据此认为，在13至14世纪，伊斯兰教在占婆已经有很大影响。

13世纪伊斯兰教传播到占婆，伴随着占婆王国的瓦解，占族的正统宗教婆罗门教逐渐衰弱。到了17世纪中叶，相当一部分占族接受了伊斯兰教。所以现在越南中部地区有一部分占族信仰婆罗门教，另一部分信仰旧回教[①]，即婆尼教。宁顺和平顺地区的婆尼教，带有浓厚的地方色彩，其仪式与母系家庭相适应，与人生周期礼仪（生育、婚姻、丧葬等）、农业仪式有关，与当代世界伊斯兰教组织没有联系。

在占婆王国衰落、瓦解的过程中，有些占族不断向南和西南方向迁徙，定居在现在的越南南部、柬埔寨、马来西亚等地。这部分占族信仰新回教，即伊斯兰教，他们信仰正统的伊斯兰教，通过柬埔寨和马来西亚的伊斯兰教与世界伊斯兰教保持联系。

占族与马来西亚、印度尼西亚等地讲马来语或者南岛语的居民同属南岛语系，相互交流比较容易。迁徙到越南南部和柬埔寨的占族经常与马来人、爪哇人接触，这些占族讲述其祖先原来信仰婆罗门教或婆尼教，马来商人的到来给当地带来了伊斯兰教，越南南部和柬埔寨的占族

---

① 本文"回教"一词为越南语音译，"回教"包括婆尼教和伊斯兰教，有别于中文"回教"的一般含义。

由信仰婆罗门教或婆尼教改信伊斯兰教。19世纪中期，大量占族从柬埔寨迁回越南南部安江等地居住，使得越南南部信仰伊斯兰教的占族增多，20世纪60年代一些占族从安江等地迁回越南中部地区居住，现在越南中部地区也有一些伊斯兰教信徒。

20世纪初，越南南部占族受到马来人的很大影响，他们在家讲占语，在公共场合都讲马来语。在伊斯兰教学校，有关伊斯兰教教理的书都是马来西亚出版的。在1975年以前，越南南部的占族与马来西亚的伊斯兰教有密切的联系，有的人在马来西亚的伊斯兰教学校读书。当地信仰伊斯兰教的占族与国外伊斯兰教团体的联系比与宁顺、平顺等地占族团体的联系更频繁。在安江省一部分具有马来人和高棉人血统的人，与占族相邻而居，有共同的宗教信仰——伊斯兰教，他们逐渐融合到占族中。

三、当代越南占族人口及分布

占族人口现约为161729人，[1] 在越南54个民族中排第14位，主要居住在越南中南部、东南部和西南部的各省市，具体是平定省5336人，富安省19945人，宁顺省61359人，平顺省34690人，同奈省3887人，西宁省3250人，安江省14209人，胡志明市7817人，平富省568人，平阳省837人，坚江省400人，茶荣省163人。占族居住最集中的地区是平顺省北平县、宁顺省宁富县所在的藩琅、藩里平原，北平县占族人口为20044人，约占全县总人口的17%，宁富县占族人口为51527人，约占全县总人

---

[1] 越南统计总局：2009年越南全国人口普查统计数据。

口的28.6%。

占族有三种不同的宗教信仰：婆罗门教（信徒主要分布在中部的宁顺和平顺）；婆尼教，也称为"旧回教"（信徒主要分布在中部的宁顺和平顺），"婆尼"一词源自阿拉伯文的"BENI"，意为穆罕默德的孙子；伊斯兰教，也称为新回教（信徒主要分布南部的安江、胡志明市、西宁等地和中部的宁顺）。

根据越南宗教委员会2009年的统计，信仰回教的占族人口为71791人，在越南6种宗教中，回教信徒人数居第6位。

四、越南占族的经济社会状况

越南近年来重视解决民族关系和民族问题，把发展少数民族经济社会当作民族工作重点。占族，尤其是信仰伊斯兰教的占族与国外伊斯兰教团体的联系比较多，越南政府在1982年5月12日发布了关于占族工作的121号指示，提出要解决好清真寺土地纠纷的问题。1991年10月17日，当时的顺海省党委和人民委员会召开占族工作会议总结落实121号决议的情况。1986年越南实行革新开放以来，越南占族地区的经济得到了较快发展。

中部地区占族主要信仰婆罗门教和婆尼教，有一部分信仰伊斯兰教的占族是1960年从安江省和胡志明市迁回宁顺省定居的。占族以村为单位居住，村是社会组织和宗教活动的基本单位，通常每个村有100户至400户不等，村分为"屯"，每个屯有30至50户。中部地区占族主要居住在平原和丘陵地区，水稻种植为主的灌溉农业是其传统生产方式，种植红薯、芝麻、绿豆和小米等杂粮，同时还有制陶业和纺织业等传统手工业。现在占族群众根据当地的特点，转变种植和养殖结构，从种植水稻转向种植葡萄等经济作物，发展养殖业，饲养牛羊，发展纺织业、制陶业、木器制造、打制金银饰品等手工业。制陶业比较有特点，不用轮盘，而用手捏制，在地面烧成。占族妇女有从事纺织业的传统，织棉布，缝制衣服、头巾等，使用植物染料。女子穿裙子，喜欢戴银或铜的耳环，手戴铜手镯。占族男子戴头巾，腰间扎金黄色或绿色、红色的腰带，年长的占族男子常蓄长发，布巾缠头，身穿沙笼。占族有敬老的传统，1975年越南统一以前，占族从村老中选村长，村老的话很有分量。中部平顺省占族保留着母系家庭制度，禁止姨表婚，婚姻的主动权掌握在女方手里，男子在举行婚礼后住到女方家，子女出生后随母亲姓，只有女子才能继承父母的财产，小女儿分得最多。20世纪90年代以来，平顺在占族地区开展定耕定居工作，全省的22个占族村子都通电，安装了电话，占族群众的生活水平得到提高，许多家庭拥有家用电器和交通工具，如摩托车、电视机、录音机等。一些地方建设文化村，民族传统文化得到保护和发展，占婆塔得到修缮，满足了占族信仰的要求，并成立了占文化研究中心和占族艺术团体。

安江省和胡志明市是南部占族的聚居地，当地占族绝大多数信仰伊斯兰教。经商、捕鱼、手工纺织是南部占族的传统生产方式，同时注重发展农业和养殖业。南部占族部分居民以经商为主，长期以来占族商人与越人、寮人、高棉人，以及东南亚其他国家建立了贸易关系。安江与柬埔寨接壤，安江占族的村子多分布在江河边或江中的沙洲和小岛。

1976年安江省占族人口为8656人，1999年为13054人，2009年为14209人，占全省人口的0.66%。约70%的安江占族家庭从事商业活动，安江占族商人活动范围遍及越南南部地区，甚至到了西原地区，经营的商品有毛巾、布料和衣服、塑料鞋、药材等。由于市场竞争激烈，近年来安江占族中经商的人有所减少，占族群众得到政府和社会团体的技术和资金支持，发展农业，在生产中采用先进的科学技术，如饲养肉牛和种牛增加收入。捕鱼和丝绸纺织业是南部占族的传统手工业，丝织品是占族传统商品之一。现在只有少数的占族家庭保留传统的手工纺织技术，产品主要是满足本民族内部的需要，少量出口到其他东南亚国家。

五、越南占族的宗教信仰

如前所述，越南占族的宗教信仰有婆罗门教、婆尼教和伊斯兰教。由于有共同的渊源，占族婆尼教信徒与占族伊斯兰教信徒在基本教理和风俗方面有相似的地方，但是其宗教生活有很大的区别。占族婆罗门教信徒与印度的婆罗门教没有联系，占族婆尼教信徒与国际伊斯兰教、南部地区的占族伊斯兰教信徒联系较少。

1. 占族的婆罗门教

占族婆罗门教信徒崇拜婆罗门教的神、本民族的女神和民族英雄。在传播到占族的过程中，婆罗门教要适应占族母系制度和农耕生产的特点，而占族也按照自己的方式接受和理解婆罗门教。占族婆罗门教信徒信奉婆罗门教的三位主神：湿婆（Siva，世界的破坏者和重建者）、梵天（Brahma，世界的创造者）、毗湿努①（Visnu，宇宙的维持者）。婆罗门教刚传入占族的时候，婆罗门教信徒都建塔供奉这三位神，湿婆的地位逐渐提高——比梵天和毗湿努还高，这与农业民族的生殖崇拜习俗有关，因为湿婆的人物特点更加符合占族的需要。婆罗门教认为，毁灭与再生互为因果，湿婆也是再生之神，并用男性生殖器（Linga）代表其形象，故有对男性生殖器的崇拜。在各种式样的湿婆形象中，人们普遍供奉带有男性生殖器的湿婆。占族大众对这三位神在印度的传说故事知之甚少，对于湿婆的了解不多，占族婆罗门教信徒按照自己的习惯来理解这三位神。占族婆罗门教信徒供奉在占婆塔中有雕像的历代占婆王国的国王和王后，有位王后还代替了湿婆妻子乌玛（Uma）的地位，因为王后是母系制度女神的象征，婆罗门教的教理加以变通。除了崇拜婆罗门教的三位神，占族婆罗门教信徒还崇拜本民族的女神和民族英雄，比如崇拜现在芽庄地区的努甲女神（Ppo Klong Nugar），努甲女神塔是占族婆罗门教信徒重要的祭祀场所，每年庙会占婆国王遗物被当作祭祀对象。婆罗门教的影响还体现在占族的节日和风俗习惯等方面，占族婆罗门教教徒死后进行火葬，骨灰葬在母方的墓地。

现在婆罗门教的代表是僧侣阶层，他们是占族社会的知识阶层。他们有自己独特的生活方式，懂占文，通晓习惯法，可以组织宗教仪式。僧侣阶层的最高等级称为大师，大师是唯一有权组织和主持祭礼的人，他们指导占族婆罗门教信徒的宗教生活。对众多占族信徒来说，湿婆、男性生

---

① "湿婆、梵天、毗湿努"的中文译名参照《中国大百科全书·宗教》，中国大百科全书出版社，1988年，第299—303页。

殖器等只是形式，其内容的实质是繁殖的希望和对本民族女神、民族英雄的崇拜。婆罗门教的僧侣根据印度的模式修建寺庙、雕刻佛像，民间艺人则根据民族的传统修建房子和雕刻。占族对来自印度的婆罗门教加以变通改造，添加了占族本地的成分和色彩。也就是说，越南占族的婆罗门教已经不是纯粹的、来自印度的宗教形式。来自印度的因素对占族婆罗门教的影响最显著，同时占族本地和本民族的因素也起着重要作用。

2. 占族的婆尼教

婆尼教是原始伊斯兰教与占族民间信仰相结合的产物，越南学者认为，婆尼教是带有本地信仰特点的伊斯兰教。在伊斯兰教传播到占族地区之前，婆罗门教已经深入占族的社会生活，其教义和教理与伊斯兰教有很大区别，在占族婆尼教信徒的宗教观念中，伊斯兰教原有的习俗和礼仪逐渐淡化。伊斯兰教传入占族的时候要面对母系社会的特点，伊斯兰教与当地的风俗习惯相结合，失去了其自身原有的特点。婆尼教信徒并不严格遵守伊斯兰教正统的教规、教理，信徒可以喝酒，对古兰经和伊斯兰教的礼仪、禁忌不大了解。婆尼教信徒禁吃猪肉、要向麦加祈祷、写阿拉伯文式的书法，但是没有人能读懂。婆尼教信徒信仰真主安拉和先知穆罕默德，同时还信仰占族的女神、民族英雄和祖先，他们还供奉居住地传统信仰中的神，比如雨神、山神、海神，他们举行与农业生产有关的求雨、求海神等仪式。大多数婆尼教信徒不熟悉伊斯兰教的经书，不必每天行5次礼，不念求愿经，不到麦加朝觐，不过开斋节，而形成了带有自身特色的拉木旺节。婆尼教信徒的葬礼按照伊斯兰教的习俗来组织，同时带有东南亚地区的传统风俗，比如开路下阴府、阻止死者亡魂骚扰、托死者带礼物下阴府给亲人等。

占族伊斯兰教信徒与占族婆尼教信徒的区别还表现在妇女在社会和家庭中的地位和作用。占族伊斯兰教信徒妇女在社会家庭关系和宗教信仰中受到严格的限制，而占族婆尼教信徒男女社会地位平等，鼓励妇女参加医疗、教育等社会工作，母系社会的影响深入其潜意识，与男性相比较，妇女具有很多优势。男子的成年割礼，只是用木刀象征性地点一下。基于阴阳和谐的思想，婆尼教信徒的年轻女子也有成年仪式。有别于伊斯兰教社会重视男性（父权），占族婆尼教信徒在家庭组织、婚礼中按照传统重视妇女（母系），女子的成年仪式比男子的成年仪式更受重视。

婆尼教宗教活动的场所是婆尼庙，婆尼庙供奉的神圣之物是圣树，庙里的大鼓是节日演奏时唯一的乐器。婆尼宗教人员在占族婆尼教信徒和社会生活中具有重要的影响，现越南婆尼教宗教人员总人数为400多人。婆尼教不鼓励宗教人员独身，宗教人员常常通晓农业生产，具有丰富的经验，在宗教和社会上都有威信。婆尼教的宗教人员不吃猪肉，不喝酒，所吃的畜禽由他们宰杀。婆尼教宗教人员受到当地政府和群众的重视，他们参加婆尼教信徒的宗教信仰活动和婚礼、葬礼等。占族婆尼教信徒家庭的葬礼通常由婆尼教宗教人员主持，葬礼中宗教人员的数量有明确的规定，依据死者是儿童或者大人来确定，死者是儿童或者死于灾难的只有一个宗教人员主持仪式，死者在70岁以下的有3名宗教人员，死者在80岁以上的有6名宗教人员，死者是宗教人员或者富人的有

13名宗教人员做仪式。婆尼教的古兰经是做了记号的阿拉伯文手抄本，便于认读，添加了占文的注释，即说明什么仪式要念诵这些经文。

婆尼教的宗教人员分为四个等级，最低的等级是修士，是刚入门的宗教人员。第二等级是柯提，主持婆尼庙和家庭的仪式，不担当讲授教义的任务。第三等级是玛目，主持婆尼庙的活动，通常修行时间在15年以上，通晓古兰经，品德好，有一定的经济能力。第四等级是大师，他们决定婆尼占族宗教生活的重大问题，指导婆尼庙的仪式，组织民间的祈祷、祭祀仪式。

婆尼教宗教人员是按照子承父业的方式来传承的。村里的每个宗族都有人担任村里婆尼庙的宗教人员，因此从婆尼庙宗教人员的数量就知道这个村子有几个宗族。刚获得婆尼教宗教人员资格的人要摆宴席招待村民，还要给婆尼庙捐款。担任宗教人员的人除了经济条件以外，还要家庭成员品行好，有理解教理、教义的能力，有丰富的生产劳动经验。婆尼庙的首领是大师，每个婆尼庙都有管理委员会，这个委员会的任务是传达和实施大师关于宗教的决定，负责举行宗教仪式和解决村里的争执。现在大部分婆尼教宗教人员年纪偏大，文化程度低，很多人不识字，特别是婆尼宗教人员口传经文，导致在教义、教理方面不统一。

3. 占族的伊斯兰教

越南南部占族伊斯兰教信徒是印支三国唯一的穆斯林，属逊尼派，比较虔诚、温和，少有极端的表现，严格遵守伊斯兰教的教理和教义，严格执行伊斯兰教的五功，在宗教生活中使用阿拉伯文和马来文。占族伊斯兰教男女信徒都有成年礼，男子在15岁举行割礼，由伊玛目主持。在13—14岁的时候，女子在村里的水井举行沐浴仪式，然后回到清真寺，念经文，由伊玛目把圣水撒在女子头上，剪掉女子的一束头发，念经文，女子跪拜三次，成年礼结束。占族伊斯兰教信徒每年有以下的节日：圣纪节、开斋节、宰牲节、伊斯兰教历元旦等，最重要的节日是开斋节和宰牲节。回历12月7日至10日的宰牲节，南部占族伊斯兰教信徒在夜间举行念诵古兰经比赛。安江省的马布热清真寺是南部占族代表性的清真寺，这座清真寺有其独特的建筑艺术风格，每年的宰牲节、开斋节、圣纪节都在这里组织活动。安江占族男子常戴白帽子，穿纱笼，女子外出的时候不遮盖面部，但是披彩色的纱巾。

占族伊斯兰教清真寺与世界各地伊斯兰教清真寺的外观和内部布局一样，有两类：清真寺（Mosque）和小清真寺（Surau）。清真寺按照东西方向建造，便于行礼的时候，信徒面向圣地麦加。每个村子都有清真寺，每个清真寺有一个管理委员会，管理委员会的负责人是阿訇。清真寺是举行伊斯兰教活动的地方，也是集中开会讨论村子重大问题的地方，每个屯有一座小清真寺，以方便信徒过宗教生活。越南有41座清真寺，19座小清真寺，其中安江省有16座清真寺，8座小清真寺。

在占族伊斯兰教的宗教人员中，为首的是教长，他通晓教理、教义，家庭和睦，品行好。辅佐教长的是副教长，他的职责是在教长外出的时候，代行处理问题；教长有助手负责处理社会事务；伊玛目在举行仪式的时候负责指导信徒；经文大师负责在每周五仪式中传授教义；毛拉负责给信徒讲授教理。近年来，很多教长都积极参加慈善的社会活动,不少是乡和坊的祖国阵线成员,或者是各级人民议会的代表。很多占族伊斯兰教宗教人员都有亲人在国外,他们每年都收到国外的资助,用于修建清真寺,不少人获得资助到麦加朝觐。

越南伊斯兰教团体与东南亚地区伊斯兰教团体有密切联系,1995年5月28日越南加入东南亚国家联盟以后,越南伊斯兰教团体有更多的机会与国外的伊斯兰教组织交流,特别是与马来西亚的伊斯兰教团体交流。虽然在越南伊斯兰教团体中的马来西亚人不多,但是他们影响比较大。越南占族伊斯兰教信徒大学生在马来西亚留学的人数越来越多。

在古代占婆王国的建立、发展、衰亡以及占族迁徙的过程中,占族对外来文化有选择地加以吸收,并且加入了本民族、本地区的文化要素,从而形成了现代占族的分布状况和包含三种宗教信仰形式的占族文化。一方面婆罗门教、伊斯兰教已经深入越南占族的社会和精神生活,并产生深远影响;另一方面占族文化、传统风俗习惯仍然得以较完整地保存。宗教在占族文化中留下了深刻的印记,占族民族文化体现在宗教文化之中。

参考文献

1. ［越］《20世纪越南少数民族》，越南国家政治出版社，2001年。

2. ［越］越共中央思想文化委员会：《越南共产党的宗教政策与宗教问题》，越南国家政治出版社，2002年。

3. ［越］潘友逸：《与民族关系有关的理论和实践问题》，越南国家政治出版社，2001年。

4. 范宏贵：《越南民族与民族问题》，广西民族出版社，1999年。

5. 张加祥、俞培玲：《越南》，当代世界出版社，1998年。

近代中越边境人口流动与跨境民族的交融初探

广西大学行健文理学院历史学硕士研究生 吴锦娟

【内容提要】 本文探讨近代中越边境人口流动与跨境民族的交融。19世纪是东南亚人口从稀少到庞大的一个巨变过程。中国与越南接壤，特别是在19世纪后期，已经可以通过官方留下的数据十分明显地发现有一个人口批量性、连续性地向越南流动的高峰期。同时，由于越南自身民族成分混杂，中国西南边境也是各民族杂居之处，两相接壤，有藕断丝连的历史渊源，使得人口流动课题与跨境民族、民族课题紧密联系在一起，需要一起进行探讨。

【关键词】 人口流动　跨境民族　文本与田野调查

近代中越边境人口流动的总体趋势以及由此产生的跨境民族交融过程是了解中越人民交往历史的重要内容之一。本文试从前辈研究的线索出发，用较为翔实可靠的史料对这一课题展开初步探索。

一、学术史与文本使用

对于近代东南亚人口的整体研究，有不少的作品，如陈翰笙的《华工出国史料汇编》，葛剑雄等的《简明中国移民史》，庄国土的《华人华侨与中国的关系》，巴素的《东南亚之华侨》，日本坪内良博的《东南亚人口民族志》等。这些作品给读者提供了一个整体的图景，是重要的研究成果，为进一步的深入研究提供了线索。另一方面，由于在东南亚中的重要性程度、资料数据的搜集难易等原因，现有作品大多着重马来西亚、新加坡等国家。对于近代越南人口流动的集中写作，据作者目前所阅，并不多见，主要零散见于《东南亚研究》、《人口研究》、《西南地区跨民族研究》、《华侨史料汇编》等书籍。笔者试图极力搜集相关碎片信息，对近代中越人口流动的情况作初步探讨，其中也吸收了学者们的最近研究成果。

"19世纪，东南亚的人口资料贫乏。连朴素的游记和登载在调查记录上的粗糙数据也不得不作为重要线索来使用。而此时，欧洲和日本方面似乎是另一个世界，他们已经可以掌握教会的出生、死亡记录甚至个人更新表等个人信息。"[①] 因此，缺乏资料是东南亚人口研究的最大难点之一。笔者同样也遇到了材料搜集的困难。而搜集到的材料多是断续的片段，解读大约也不可过于较真（Too literally）；因此本文中引用数据多去零头，取约数。

对于搜集到的文本，在具体使用时，笔者遵从下述几个原则。词汇使用方面，本文试图尽量采用当时的词汇。如越南，不同时期称为"安

---

① ［日］坪内良博：《东南亚人口民族志》，劲草书房，1986年，第1页。

南"、"交趾支那"等，其地理位置和边界有出入。又如华侨，据考证，19世纪末始用此词，20世纪初发展成通称；此前称呼杂乱，如"中华人"、"华工"、"闽粤人"、"北人"等。分期方面，关于人口流动的分期应以人口来源国还是以目标国为基准，学界有不同的看法。具体参见《越南华侨史》[①]一书。从变化和影响程度考虑，在研究中国与周边国家的情况时，笔者倾向于后者。关于"流动"的概念，既然是人口"流动"，可以猜想，除了单向流动，应该还有迂回反复地流动。就笔者粗略阅读，这部分人口数量应该不多，且限于材料缺失，或将难以理清。本文主要作单向流动考察。

二、中越间人口流动[②]

中越之间的人口流动，不同的时期有不同的特点。近代以前，缺乏可靠的数据，一般认为，当时越南应有十多万"中华人"。近代特别是19世纪后期，有一个人口批量性、连续性地向越南流动的高峰期。为了对整体情况作出梳理，首先回顾一下古代的概况。

（一）第一时期

越南隶属中国郡县时期，大致相当于中国秦汉至唐代。关于古代中国和交趾地区之间的人口流动，在秦汉时期已有明确的记载。关于中原人口迁徙交趾地区的记载：如《史记》中的《南越列传》载秦始皇时

[①] 参见徐善福等著《越南华侨史》，广东高等教育出版社，2011年。
[②] 历史时间不同，中越之间的边界亦不同，即边界具有动态性的一个过程。限于篇幅，本文不深入细究。

"以谪徙民，与越杂处"。《后汉书》中的《南蛮西南夷列传》载汉武帝时"颇徙中国罪人，使杂居其间"。《水经注》的《温水》载东汉时"有遗民十余家不返，居寿冷南岸而对铜柱"。西汉末年，交趾郡、九真郡人口近百万，比周边的南海郡、合浦郡、郁林郡、苍梧郡总和还多出一倍多。三国两晋南北朝时期，中原较为动乱，人员避乱南迁，而交趾也有不少人到中国。如：三国东吴的交趾太守孙谞，挑选上千名手工业工匠送往建业（即南京）。此时，交趾已为富庶之地，交州、广州并称，"交广富实，轫积王府"。① 唐时设六都护府之一——安南② 都护府，两地来往已经很密切。至8世纪末，由于广州对外国商船征税，安南一度占优势，成为繁荣的贸易中心。

（二）第二时期

越南独立建国至19世纪中叶法国入侵前，是越南的独立时期，相当于中国的宋至清前期。宋初，从中国流动到安南的人口③，或由于贸易经商而临时居住或定居，或被安南侵扰劫掠而去，或被人口贩卖而去，或是宋朝遗民流亡。如"熙宁八年（1075年），交趾大举入侵，攻陷钦、廉、邕州，兵民死者十万余口，掳妇女小弱者七八万口"。④ 而安南有人口流动到海南岛、清远县、廉州定居。⑤ 明朝时，安南保持了

---

① 转引自黄国安等著《中越关系史简编》，广西人民出版社，1986年，第32页。
② 公元679年，交州改称安南。
③ 黄国安等认为此时的人口流动"具有了侨居的性质"，"成为早期的越南华侨"。参见黄国安等著《中越关系史简编》，广西人民出版社，第61页。
④ 广西华侨历史学会：《广西籍华侨华人资料选编》，广西人民出版社，1990年，第4页。
⑤ 《夷坚志》、《宋史》、《大越史记全书》等皆有记载，但是由于记载较为模糊，此处不作正文引用。具体参见黄国安等著《中越关系史简编》，广西人民出版社，第61—63页。

频繁的朝贡。人口的流动更为频繁。永乐年间，交趾地方总兵张辅就曾遣送了1.6万多人到南京。明末清初，连年战乱，"大批中国人移居越南。清朝康熙年间开放海禁，允许人民乘船到海外谋生。从此，福建、广东、广西壮族自治区等省大批居民南迁到越南。"① 至于边境地区，《广西籍华人华侨资料选编》云：

乾隆年六月二十五日（1743年8月14日），谕军机大臣等："广西之镇安府，云南之广南府，各有通安南之隘口。自前岁匪徒滋扰保乐夷州以来，滇、粤两省文武大员，自应严饬守隘员并加谨防范，不许匪类往来出入，以清边境。朕闻粤省稽查颇严，而滇省则近于疏解，广南土人出交者纷纷，甚属混杂。张允随亦未将隘口情形常时陈奏，未免视之为泛常。尔等可传密旨谕张允随，令其加意防范。"②

特别是，当时清禁止私人开矿，越南③北部矿藏丰富，统治者重视采矿而当地居民却不会采矿，吸引了大批清民众。④ 据《清高宗实录》载，1775年，仅从北圻某铅厂就逃回矿工两千余人。而1819年越嘉隆王令潘安镇守臣募集1.1万余人历时3月疏通安通河和渡牺河。⑤

总之，一般学者认为，至鸦片战争前夕，越南中圻、南圻估计至少有"中华人"数万到十来万，整个越南应有十多万"中华人"。

---

① 黄国安等：《中越关系史简编》，广西人民出版社，第109页。
② 广西华侨历史学会：《广西籍华侨华人资料选编》，广西人民出版社，1990年，第39页。
③ 阮朝受中国嘉庆帝的更改册封为"越南国王"，正式建立新国号为"越南"。关于"越南"一词由来有很多争议。
④ 参见《古代中越关系史资料选编》，中国社会科学出版社，第643—668页。
⑤ Edgar Wickbery, *The Chinese in Philipine life: 1850-1898*, Yale University Press, 1965, pp.24-53, 转引自庄国土《华人华侨与中国的关系》，广东高等教育出版社，第172页。

（三）第三时期

1. 中国人口流动到越南

19世纪中期到20世纪中期，是越南的法属时期，相当于晚清到民国时期。

太平天国运动失败，广西境内的成员余部和其他小规模暴动队伍大部分转移到了越南北部。刘永福旗下的黑旗军人数最多时达"两万余人"，而清廷仅允其带回两千人，其余"安置越地，另谋生路"。但这些仅是一次性的人口流动。

这一期间，法越先后签订《西贡条约》、《顺化条约》。越南被一分为三，即越南三邦：横岭以北为"北圻"，即东京，成为半保护领，横岭至平顺为"中圻"，即安南，为保护领；平顺以南为"南圻"，即交趾支那，是殖民地。法国在完成了政治占领，初步稳定政局后，开始了两次大规模的经济运动以获取资源和市场。第一次始于1897年，重点是矿业开采、交通运输、商业和农业。第二次始于1919年，重点是农业种植业、矿业、加工业、商业、交通运输和金融业等。不难看出，上述如农业、矿业、交通运输等需求大量的劳力，这也就提供了广阔的谋生空间和商业机会。

中国人移居越南主要有两种形式，一种是"契约移民"，也称"契约劳工"，即与外国人订立契约，被外国资本家雇用。这一类移民大多从事修筑铁路、开采矿场、垦荒辟地、栽种橡胶、兴建城镇等。另一种形式是"自由移民",又叫"辅助移民",他们大多是到越南投靠亲友、同乡,出国成为海外移民的由亲友们在越南安置工作,或是由华侨社会团体作"媒介"招引进入越南。华侨社团中还设有"客栈"、"船行"、"信局"等机构,为中国沿海一带的人到越南提供方便。通过这种方式移居越南的中国人,称之为"新客"或"客头"。

在人口流动数据方面,由于当局开始陆续进行调查,留下了部分数据。笔者竭力搜集到的有:

1889年,法属当局公布了截至当年定居于越南南部的华侨人数。总数约五万七千人,其中堤岸约一万六千人;朔庄约八千人;西贡约七千人;茶荣约四千人。[①] 另,满铁东亚经济调查局公布1889年越南华侨总数为八万四千人。[②]

1889年:交趾支那,约五万七千人,其中约两万三千人居住在西贡、堤岸;1906年:印度支那三国[③],约十二万人;1921年:印度支那三国,约三十万人,其中越南三邦约二十万人。

值得提示的是:由于大量华侨不经过海关而潜入越南,华侨人口的自然增长也没有被统计,因此数据应该比实际人数少很多。[④]

从沿海海路进入越南的中国人口如下:1889—1906年间,进入交趾支那,平均每年增加近三千七百多人;1906—1921年间,进入越南,数

[①] 巴素著,郭湘章译:《东南亚之华侨》,国立编译馆,1974年,第297页。
[②] 满铁东亚经济调查局:《法属印度支那的华侨》,1939年,东京。转引自徐善福等著《越南华侨史》,广东高等教育出版社,2011年,第193页。
[③] 指越南、老挝、柬埔寨;但主要交趾支那占多数。
[④] 庄国土:《华人华侨与中国的关系》,广东高等教育出版社,第178页。本数据根据该作者的统计作了简化和约化。

据为两千四百人左右；1921—1931年间，进入越南，数据为七千多人。①

1920年，法国越南当局对居住在越南全境的人口成分（越南人、华侨、明乡人、法国人、日本人、印度人）作了详细调查。其中明乡人指华裔。越南学者整理以上数据并结合当年的《印度支那总年鉴》中相关数据，得出华侨人口数量和分布情况。②现笔者摘取主要省份数据如下：

表1　华侨人口数量与分布

序号	省份	越南人	华人	明乡人（即华裔）
1	谅山	3117	3160	680
2	河内	83101	3377	825
3	平定	95350	960	7000
4	西贡	41320	30583	1214
5	薄寮	62485	5993	14095
6	芹苴	229886	6675	2922
7	嘉定	255860	3400	1246
8	美湫	300036	3719	898
9	朔庄	72529	9207	16845
10	茶荣	121389	4079	697
11	沙沥	183845	3290	2700

从以上断片数据可知，19世纪后半期，中国流动到越南的人口总数保守估计达5万—8万人，且每年保持几千人的连续性增长。学界一般认为，到20世纪50年代，数量已多达150万人左右。其中，越南南部最为集

---

① 黄国安等：《中越关系史简编》，广西人民出版社，1986年，第165页。
② 徐善福等：《越南华侨史》，广东高等教育出版社，2011年，第197页。

中，特别是西贡、堤岸，被称为"中国城"。北部华侨多从事采矿，南部会安、堤岸一带多从事商贩，嘉定、清河、明乡多从事种植业。

2. 越南人口流动到中国

关于这一时期由越南流向中国人口的记录，不管是原始资料还是著作之中，鲜有涉及。原因可能有以下几方面：这方面的人口少，于中国方面的影响，无足轻重，因而鲜有记载；云南、广西等方志、越南语资料或许有记载，作者尚未搜集到。据非常有限的零星资料，由于中国方面谋生条件的劣势，人口密度更高，当时大约不会有批量移民到中国。零星记录有由于不堪法属越南的针对性盘剥或恋乡情节而重新返回中国的记录，如"陈务新上外务部函之附件"所写越南华侨之惨相。[1] 中国移民，"特别是在十九世纪到二十世纪初，他们显然有出门赚钱的目的，当时许多人都指出了他们的回乡倾向。"[2]

总体趋势而言，中越边境主要是中国对越南的单向性流动。通过中越两国的史籍相互佐证可知每逢天灾人祸，往往都有边民到对方国家避居，特别是边民往往流向越南。数量方面，近代以前，主要是人口的零星或偶然性流动；近代特别是19世纪后期，有一个人口批量性、连续性地向越南流动的高峰期。

---

[1] 陈翰笙：《华工出国史料汇编》，中华书局，1985年，第495—502页。
[2] ［日］坪内良博：《东南亚人口民族志》，劲草书房，1986年，第147页。

三、人口流动形成的跨境民族①

在漫长的历史中，中越边境地带没有出现过有组织、有规模的政治权力中心；长期刀耕火种、自给自足；民族成分繁多且混杂。

近现代进行的民族划分宣称是按照语言、生活文化特点和民族自觉意识三者进行综合考量。虽然由于中越边境接壤线长，各自民族成分繁多，流动演变过程跨越千年，错综复杂，民族划分或难以尽善尽美，但是为作进一步阐释上的便利，大致的划分仍为必要之举。② 同时，特别是边缘地带民族的语言、文化自身一定的稳定性，使得田野调查可以提供有利的线索并以此按图索骥。

在近现代的民族人为划分中，越南有53个民族，中越间主要有14个跨境民族。若按照越南方面的划分则有26个跨境民族，可见越南方面作了更为细致的划分。

按照文化特征，中越间有以下跨境民族：③

---

① 民族学界初用"跨境民族"一词，现也用"跨国民族"、"跨界民族"。本文旨在凸显中越接壤地带，采用"跨境民族"一词。前述周建新的《沿边而行——广西边境地区中越跨国民族考察札记》一书提供了丰富的田野调查一手资料。值得一提的是，越南方面的民族研究，据该国学者明峥言，越南的许多民族来源，尚未十分清楚。

② 在划分过程中，学界争吵不休的是，按照语言还是自身认同来划分更为合理，似乎不了了之。

③ 周建新：《沿边而行——广西边境地区中越跨国民族考察札记》，广西人民出版社，2006年，第78页。

表2 中越间跨境民族

	在中国的称谓	在越南的称谓
1	壮	岱、侬、布标、拉基、山斋
2	傣	泰
3	布依	布依、热依
4	苗	赫蒙
5	瑶	瑶、巴天、山由
6	汉	华、艾
7	彝	倮倮
8	哈尼	哈尼、西拉、贡
9	拉祜	拉祜
10	仡佬	仡佬
11	京（越）	越
12	回	占
13	克木	克木（克姆）
14	莽人	莽人

从技术上而言，跨境民族流动人数方面具体已不可考，但据笔者所阅，应该是靠边境的汉、壮、瑶、苗居多。

关于壮、瑶、苗，大多史料都是语焉不详，看起来带有很强的主观和猜测色彩。在笔者收集的史料中，经过判断和筛选，认为以下史料相对而言较为珍贵和可靠，故详列如下：

现在称之为侬的集团，大部分是属壮人的部分，到越南已有三四百年了，尤其是明末和清末时期。当地人民通常称他们为侬，并付以一个意思。个个侬集团还记得他们在中国那边的祖籍，有的集团与边界那边的故乡人还保持着亲戚关系。通过他们的称谓，我们可以知道以前是从什么地方迁来的。例如在谅山的万承侬是从（广西）万承州迁来的，在高平和谅山的英侬是从龙英迁来的，在高平、谅山的雷侬是从下雷迁来的。归仁侬的故乡在归顺州，昭侬的故乡在龙州……①

帝谕兵部曰："蠢尔生猺乃敢抗我颜行，罪在不赦。"② "山子、山庄、山蛮诸蛮民多有逃散，令诸土目召集之俟，回复后量定税课。"③ 周建新认为"生猺"、"山子"、"山庄"、"山蛮诸蛮民"与中国现代瑶族有密切的历史渊源关系。

越南境内的边境跨界民族大都由中国广西迁入。如与广西接界的谅山、高平两省，主要居住着从广西迁去的侬、岱等民族……越南的瑶族是在公元十五世纪左右，也就是在越南建国之后约四五百年，才从广西一带进入越南北部的。据考证，在300多年以前，广西防城边境、十万山一带的瑶族，有一部分人已经移居越南广宁省境内。至今这些瑶族还较完整地保持着迁徙瑶族的特征，而且和现在广西的瑶族在语言、服饰、风俗习惯等特征上基本相同。移居越南的瑶族，至今他们的家族中，有些还珍藏着中国南宋景定元年（1260年）颁发的"评皇券牒"。由中国广西迁入越南的侬族（原是广西壮族的一个支系），他们举行祭奠，还要把亡人的灵魂送回祖居的故里（中国）。在他们的民族称谓中，仍然

---

① 广西华侨历史学会：《广西籍华侨华人资料选编》，广西人民出版社，1990年，第64页。
② 《大南实录》，正编第二纪卷七十四，第2464页。转引自周建新的《中越中老跨国民族及其族群关系研究》，民族出版社，2002年，第69页。
③ 《大南实录》，正编第一纪卷十九，第598页。转引自周建新的《中越中老跨国民族及其族群关系研究》，民族出版社，2002年，第69页。

冠以原在中国祖居的地名。如崇善侬，故乡在崇善县；昭侬，故乡在龙州；雷侬，故乡在大新下雷；归仁侬，故乡在归顺州等。①……越南150万岱、侬人种至少有105万人应属于广西迁越的壮（岱、侬）族华人；广西在越南的瑶族华人约24万人……②

部分瑶族从13—19世纪陆续地从中国迁徙到越南；他们从中国迁徙到越南的具体路线是：在中国陆地上经过广宁、谅山、老街进入越南，在海上从中国广东进入越南广宁。③

在历史来源角度上，越南民族学家都认为，越南瑶族是从中国来的，和住在中国南方的各分支具有族属关系，并在13世纪后才迁到越南来的。④

越南的苗人都是从中国迁移来的……大约延续9至10代人（200年左右）。中国苗人的这次迁移是从两条路来我国的……另一路包括黄、陆、周、崇、武等姓氏80户人家到了北河县的西马街（老街省）。后来，这一翼中的武、崇、江等姓氏中30户人家又迁移到了泰——苗自治区（西北）。这些移民大都来自中国的贵州，一部分则来自云南和广西。⑤

以上中、越方面的记载皆认同不少壮、瑶、苗族流向越南，使得跨境民族相互融合，这是地缘历史上形成的绵长联系。这使得在作中国西南和东南亚大陆国方面的研究时，更多时候要打破国家疆界的思维，把

---

① 广西华侨历史学会：《广西籍华侨华人资料选编》，广西人民出版社，1990年，第66页。
② 广西华侨历史学会：《广西籍华侨华人资料选编》，广西人民出版社，1990年，第72页。
③ [越]闭日等：《越南瑶族》，社会科学出版社。转引自玉时阶的《跨境瑶族研究》，民族出版社，2010年，第309页。
④ 玉时阶：《跨境瑶族研究》，民族出版社，2010年，第480页。
⑤ 广西华侨历史学会：《广西籍华侨华人资料选编》，广西人民出版社，1990年，第65页。

此地区作为一个整体进行研究。

少数民族文化这一领域往往缺乏严格意义上的绝对性可靠、有分量的文本记录。事实上，据人类学方面的研究成果，"文本，不过也是创造使人相信（Make believe）的社会……"① 但笔者想强调的是：这才是常态，这才是事实。如果笔者找到了整整齐齐、看起来有绝对性根据的材料，那倒是应该让人质疑的。而幸运的是，历史人类学、田野考察提供的信息可作为重要的补充。

中越间有深刻的历史渊源，且由于人口流动史这一课题和跨境民族、国家关系、华人华侨等课题紧紧联系在一起，使其不仅有学术意义，且有广阔的文化宣扬意义（这里并无贬义）。因此，多数作品都强调了一定的同源性，且作品经过不断地流转，成为主流作品。

转换视角，对比考察两国学者各自如何写作这一民族文化课题，或许也可成为窥探越南对汉字文化圈文化认同度的动态变化的良好切入点。语言承载文化，越南文字几经曲折，由原来的汉字、喃字改成国语字，削弱了汉字的影响力，然而，已经渗入跨境民族实际生活中的共通文化却幸运地有了载体，得以繁衍流传下来，成为今日探讨跨境民族和睦相处的源泉。

---

① David Faure, *The lineage as a cultural invention: The case of the pearl river delta*, Modern China, Vol.15, NO.1(Jan.,1989), p.8.

参考文献

中文：

1. 陈修和：《中越两国人民的友好关系和文化交流》［M］，中国青年出版社，1957年。

2. 巴素著，郭湘章译：《东南亚之华侨》［M］，国立编译馆，1974年。

3. 参见《古代中越关系史资料选编》［M］，中国社会科学出版社，1982年。

4. 陈翰笙：《华工出国史料汇编》［M］，中华书局，1985年。

5. 黄国安等：《中越关系史简编》［M］，广西人民出版社，1986年。

6. 广西华侨历史学会：《广西籍华侨华人资料选编》［M］，广西人民出版社，1990年。

7. 葛剑雄等：《简明中国移民史》［M］，福建人民出版社，1993年。

8. 庄国土：《华人华侨与中国的关系》［M］，广东高等教育出版社，2001年。

9. 周建新：《中越中老跨国民族及其族群关系研究》［M］，民族出版社，2002年。

10. 黄兴球：《老挝族群论》［M］，民族出版社，2006年。

11. 周建新：《沿边而行——广西边境地区中越跨国民族考察札记》［M］，广西人民出版社，2006年。

12. 黄兴球：《东南亚田野调查之浅见》［Z］，收入第二届中国与东南亚民族论坛编委会编《第二届中国与东南亚民族论坛论文集》，2007年。

13. 玉时阶：《跨境瑶族研究》［M］，民族出版社，2010年。

14. 徐善福等：《越南华侨史》［M］，广东高等教育出版社，2011年。

日文：

15. ［日］岸元実：《人口地理学》［M］，大明堂，1968年。

16. ［日］坪内良博：《东南亚人口民族志》［M］，劲草书房，1986年。

英文：

17. David Faure:*The lineage as a cultural invention:The case of the pearl river delta*, [J],Modern China,Vol.15,NO.1(Jan.,1989),pp.4-36.

18. Morton H.Fried: *Community Studies in China*, [J],The Far Eastern Quarterly,Vol.14,NO.1(Nov.,1954),pp.11-36.

新加坡精英治国原因剖析

池州学院讲师、硕士　钟奇峰

【内容提要】新加坡经济和社会超乎寻常的发展，被誉为"新加坡之谜"。20世纪80年代以来，新加坡奇迹引起了世界关注，它社会稳定，经济高速发展，法治良好，是世界上最富有的国家之一，在国际事务中担当了与其小国地位不相称的重要角色。新加坡成功的关键在于其充分正确认识自身国情，而一个国家基本国情是其治国之道形成和实施的基础和出发点。本文从历史、文化、现实三方面剖析新加坡实施精英治国的深层次原因。

【关键词】新加坡　精英治国

新加坡处于马六甲海峡入口处，与柔佛海峡对面的马来西亚半岛相望，又与新加坡海峡南方的印度尼西亚诸岛为邻，由新加坡岛及附近63个小岛组成，总面积为714.3平方公里。新加坡国土面积狭小，称之为"海岛型国家"，自然资源匮乏。新加坡是个移民社会，多元种族和多元宗教、多元文化、多元语言，这是新加坡国情又一突出特点。截至2011年，新加坡有常住人口518万，总共有十多个民族，华人占75%左右，其余为马来人、印度人和其他种族。马来语为国语，英语、华语、马来语、泰米尔语为官方语言，英语为行政用语。主要宗教为佛教、道教、伊斯兰教、基督教和印度教[①]。独立后，以李光耀为首的人民行动党为了求得新加坡生存和独立，必须整合社会力量于一体，集中力量发展。特殊国情使新加坡必须采取特殊治国之道，实施精英治国。

本文中精英指受过良好精英教育，具备某一领域的专业特长，且个人各方面能力和素质，尤其是公共服务方面的能力和素质较好，可以在一国政治领域里发挥重要作用的行政官僚。在当代世界，新加坡虽然属于发达国家，但是由于其历史、文化和国情的因素，新加坡对民主理解、对国家治理和西方发达国家有着很大不同，它是精英政党治国最强化的国家。新加坡精英治国是人民行动党领导人的治国理念，意味着社会精英聚集在人民行动党周围进行精英治国。

一、历史原因

新加坡位于马来西亚和印度尼西亚之间，1965年独立后就有生存危机感。由于英国人长期统治这个地方，西方价值观念开始影响新加坡各个社会层面，东西文化在此碰撞，容易产生民族认同感分裂，独特历史原因造就新加坡要实施精英治国理念。

---

① 《新加坡概况》，外交部网站，2012年12月20日，http://www.fmprc.gov.cn/chn/pds/gjhdq/gj/yz/1206_35/。

（一）二元制^①模式影响

从历史角度来看，新加坡是马来西亚的一部分，没有经历过奴隶社会和封建社会，在英国人莱佛士来到新加坡时，新加坡只是个弹丸的不毛之地。在英国统治新加坡一百多年时间里，尽管实行西方意识形态如倡导社会多元化、实施英国教育体系、法治理念以及市政建设等，而在统治方式上却实行二元制即政治垄断和自由市场经济。在殖民统治过程中，英国人发现亚洲人更习惯于这种模式。由于新加坡早期移民大多来源中国、东南亚邻近国家，文化素质不高，来新加坡求得更好的生存，这些人更多关注生活水平提高，对个人权利维护和参政议政意识淡薄，因此，用二元制模式统治新加坡，一方面带来经济繁荣，另一方面又可以保持良好社会秩序，并对新加坡威权精英政治产生了很大影响。而英国西方式的民主政治体制除了法治外，其他并没有在以华人为主的社会里深深扎根下来。相反，当新加坡摆脱英国殖民统治，成为马来西亚联邦一个自治州后，于1965年宣布独立，成立了新加坡共和国。为了巩固新独立国家发展的需要，新加坡同样采取了强有力的"一党独大"精英政治垄断和市场经济模式来治理，由此产生了威权性质的新加坡精英政治。

（二）商业和工业资本家需要

新加坡脱离马来西亚独立后，人民行动党的首要任务是强化政权

---

① 本文的"二元制"是指新加坡政府的治理方式即政治威权和自由市场经济相结合，与西方民主国家政治多元化不同。

控制，实现长期执政目的，新加坡政府对当时民主运动采取压制政策。而随着新加坡社会经济建设发展的需要，新兴商业和工业资本家靠着威权精英政府扶持成长壮大起来。主要表现为人民行动党上台执政后，开始重新修正对工人和资本家的态度，"以前我们持一个简单的、已为人民接受的观点，认为工人是牺牲品、被剥削者、资产阶级是人民的公敌等，现在，我们需要资本家、企业家。我们需要这只鹅。我们必须拴紧这只鹅让它下更多的蛋，以便我们有足够的东西可以拿去分配"[1]。与此同时，新加坡政府对工会实行严格的控制，出台一系列法规，目的是削弱工会的作用和在工人中的影响力，如工会不得干涉资本家录用、开除、晋升工人的管理职能；关键服务部门的工人罢工为非法；工会成立需经政府审查等。新加坡政府通过不断推进市场化改革、实施有利于经济发展的政策、禁止独立工会、压制社会舆论等方法，为资本家创造了最有利的赚钱环境。

为体现精英政治纳贤色彩，人民行动党将工商界优秀人才吸引到了党内。商人出身的林金山是人民行动党主要领导人之一，1963年他代表人民行动党参加国会选举，当选为经禧区国会议员并出任国家发展部长，为新加坡解决建国初期公共住屋问题，确保了人民行动党上台后能蝉联执政，直到1981年才离开政坛[2]。通过这种方式实现人民行动党及其政府对商业和工业资本家的间接控制，进而达到控制国家和社会的目的。

---

[1] 王瑞贺：《新加坡国会》，华夏出版社，2001年，第20页。
[2] 周殊钦：《建国元勋林金山去世，政府建筑物后天下半旗志哀》，《联合早报》，2006年7月21日。

在新加坡建国初期，当传统势力退出历史舞台，新兴统治方式还没有确立，社会秩序和市场经济都还在磨合整型期时，新加坡为防止社会动荡和经济危机，需要以强势政府对社会进行有效控制，以期整合现代化发展与传统力量冲突的各种因素，协调各种利益关系，解决方方面面矛盾，保障社会工商业有序发展。

（三）公民社会不成熟

公民社会特征：其一，公民社会是相对独立于国家的社会生活领域，没有这种相对独立性，就没有公民社会；其二，公民社会的构成要素主要是各种非政府组织、社区组织、利益团体、志愿性社团、社会运动等。换言之，公民社会的主要载体是大量的民间组织；其三，公民社会有一整套价值理念和规范，比如，尊崇民主与法制的原则，个体性、包容性、多元性、公开性、参与性等。当然，公民社会的表现形式未必是一种模式，但其基本特征、核心内容是有共通之处。也就是说，其相对独立性、发达的民间团体、多元、自治等精神实质是不可缺少的。

新加坡不具备西方成熟公民社会的历史基础，西方现代成熟资本主义民主政治体制是随着西方长期的民权运动发展而逐步完善。其政治权利受到法律制约，但支配政治权利不是少数人主观意志，而是受制于自由主义为基础的经济权利，这一切在新加坡是空白。历史上，以华人移民为主的新加坡受一整套儒家文化及其伦理和行为规范约束，不具备公民社会特征，加之英国对其统治经验借鉴以及独立后政府实施的强国家、强市场、弱社会的发展模式（参见表1），这样使得新加坡公民社会没有机会成熟壮大。

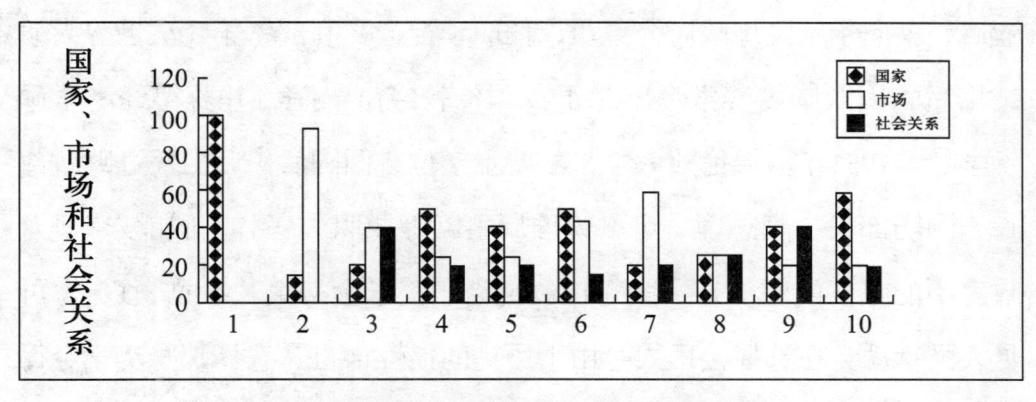

图1 主要国家、市场和社会发展模式

注：1.苏联国家强大，无社会和市场力量；2.以英国为代表曼彻斯特资本主义国家实行国家最小化，市场最大化，压制社会力量，此极端模式当今世界已不复存在；3.美国小政府，大市场，大社会；4.日本政府主导，市场调节，社会辅助；5.韩国政府主导，市场和社会力量平均；6.新加坡国家主导，市场强大，社会力量微弱；7.中国香港市场主导，国家和社会力量较弱；8.德国社会市场经济，三方平均的组合主义；9.法国国家和社会强大，市场为辅；10.瑞典及北欧福利国家，市场和社会较弱。

资料来源：根据刘涛著，《中国崛起策》，新华出版社，2007年，中国崛起策之十八：界定国家、市场和社会的界限整理并绘制所得。

（四）领导人素质

发展中国家的领导人素质在很大程度上决定着国家的兴衰。新加坡第一代建国领袖，人民行动党第一批领导人基本上是留学英国的佼佼者，受过英式精英教育。如李光耀童年时期进入华文幼儿园，然后又进入殖民政府的英文小学，紧接着进入莱佛士中学和学院，在英国著名的剑桥大学接受法律教育，获得法科学士，能够说多种语言（英语、马来语、华语）①。吴庆瑞博士，经济专家，是新加坡执政的人民行动党第一代核心领导人，是新加坡经济繁荣的奠基者，在新加坡莱佛士学院毕业后，就职于殖民地政府公务员，任职于社会福利部，第二次世界大战结束后，因获国内奖学金留学于英国伦敦经济学院，并获得经济学硕士学位，1951年取得伦敦大学哲学博士学位，回国后先后担任过财政部长、国防部长、副总理、金融管理局主席等要职②。目前新加坡李显龙政府中的16位内阁部长，就有10位是当年奖学金得主（参见表1）。可见人民行动党在选择接班人时由于历史的惯性很自然选择那些奖学金得主的精英人物作为政府领导人。

表1 李显龙政府内阁部长曾获奖学金者

姓名	职务	奖学金种类
李显龙 Lee Hsien Loong	总理	总统奖学金+武装部队奖学金
颜金勇 Gan Kim Yong	卫生部长	海外优异奖学金
尚穆根 K. Shanmugam	外交部长兼律政部长	总统奖学金+武装部队奖学金
陈振声 Chan Chun Sing	社会发展、青年及体育部代部长	总统奖学金+新加坡哥伦坡计划奖学金
林勋强 Lim Hng Kiang	贸工部长	总统奖学金+武装部队奖学金
张志贤 Teo Chee Hean	副总理兼国家安全统筹部长及内政部长	总统奖学金+武装部队奖学金
林瑞生 Lim Swee Say	总理公署部长	武装部队奖学金
许文远 Khaw Boon Wan	国家发展部长	新加坡哥伦坡计划奖学金
维文 Vivian Balakrishnan	环境及水资源部长	总统奖学金
吕德耀 Lui Tuck Yew	交通部长	武装部队奖学金

---

① Wei, BinZhang, *Singapore Modernization: Westernization and Modernizing Confucian Manifestations*, Nova Science Publishers, Inc, New York, 2002, p.71.
② 张青：《邓小平聘请的外国经济顾问——新加坡经济学家吴庆瑞》，《东南亚纵横》2001年第7期，第48—50页。

注：16位内阁部长有10位曾获得奖学金，奖学金得主被送往欧美发达国家学习，以美英两国为主，就读学校以英国剑桥大学、牛津大学和美国哈佛大学、麻省理工学院等为主。

资料来源：根据2004—2011年电子版《联合早报》以及新加坡政府网的相关信息整理，http://www.cabinet.gov.sg。

二、文化原因

新加坡在其自身发展过程中因受到传统儒家思想影响，形成了独特的"儒家文化"，奠定了精英治国理念形成的基础。虽英国在新加坡统治长达一百多年，但却没有从根本上改变其文化根基。大多数移民是在殖民统治中后期涌入，受西方文化影响时间并不长，且以华人为主，多数是农民、手工业者和逃难者，文化素质不高，来新加坡是为了生计和获得安全。儒家文化也就自然而然成为新加坡社会主导文化观念。

（一）新加坡儒家文化独特性

儒家文化不是一种宗教，而是一套实际和有理性的原则，目的是维护世俗社会秩序和发展。儒家文化强调等级观念、集团意识，具体表现为国家至上、家庭为根、以和为贵、社会关怀、种族和谐、宽容和忍让，这些观念在新加坡华人社会中都有深刻的体现。在新加坡华人思想意识里，政府应该是仁慈的，能够保障他们生计，免于社会动荡，政府应该扮演家长角色，具有"家长式情怀"即严父慈母式情怀，善待臣民，才能取信于民。

人民行动党精英治国理念正好迎合了新加坡大多数人愿望，它强调国家利益至上和民族团结和睦、好政府与强政府、经济发展优于民主政治，这三个方面是相互联系：国家利益至上和民族团结和睦的结果形成了对新加坡政治认同与民族认同，保持社会稳定，确立人民行动党政治权威；好政府与强政府即仁慈政府使人民行动党获得民众信任和支持；经济发展优于民主政治保证了社会在较低的政治参与下获得经济高速发展。因此，"仁慈"政府即好政府与强政府就是家长式政府。因为"家庭中的伦理纲常被转化成了政治伦理，对父母的孝敬转化为对君主的忠诚，而与兄长的关系则变成了公民关系"。理查德·所罗门对新加坡社会这种现象进行了分析，他指出，在儿童成长阶段，新加坡人就接受了等级观念和集团意识教育，在华人社会里，每个人都要避免冲突，"一方面，他们渴望得到威权的保护，来避免相互倾轧和财富被剥夺，使他们把一元的有绝对权威的领导看成是一种自然的现象；另一方面他们又畏惧这种严厉的权威，避免与'猛虎'般的政府权威发生摩擦"①。在这样一种政治心理中，普通民众往往认为政治是少数精英的事，与他们无关，他们更多关心他们的生活，由于传统权威思想的政治氛围影响，少数精英在参政意识里有种救世主心态，他们担负起治理国家使命感，从而导致了精英对政治垄断。这种文化机制其实在殖民主义时期就表现得非常充分，即英国人要统治一个儒家文化比较浓厚的社会，就必须在统治方式上与这个社会认可的文化保持相当程度的一致，否则难以确立英国人政治权威，达到长久实施殖民统治目的。

---

① 李路曲：《新加坡的权威主义政治与现代化》，《政治学研究》1997年第1期，第87—95页。

当然，英国对新加坡殖民统治还是留下一些烙印，比如通用英语、新加坡有政治反对派、议会和大选。尽管如此，在产生什么样统治形式的问题上，起决定影响作用的不是西方文化，而是根深蒂固的儒家文化，需要注意的是造就新加坡精英治国的儒家文化不是僵化的东西，而是经过扬弃和改造之后符合新加坡政治特点的具有现代化色彩的儒家文化，跟历史上封建王朝君主意识形态化的儒家文化是有着本质区别[①]，同时它吸收了西方文化的某些内容，如政府提倡公民要服从和忍让的精神中，已经融入了相互尊重的内容；确保国家稳定和社会稳定的基础上，给予公民一定的自由和民主；在家庭关系中，传统的"三纲五常"的观念已经被注入了夫妻平等、父子平等等。

（二）儒家文化奠定精英治国理念

儒家文化浓厚的新加坡没有适合西方式两党制或多党制生存的社会基础。新加坡是个东方儒家社会，和西方社会有着根本的区别，前者重视集体的作用，强调个人服从社会和国家，突出政府的重要性，有时为了国家的利益可以牺牲个人的利益和自由；后者强调个人自由，核心是监督和制衡，特点是重权利，轻义务和轻责任。儒家文化的主要特征是皇权主义、清官思想、等级观念和集团意识。皇权主义本质上是一元主义，要求全体社会成员服从"家长"的领导；清官思想则要求"家长"是合乎道德的，能代表民众利益，是廉洁奉公的"贤人"。"在亚洲，公众不能容忍一个软弱的政府。它是注定要失败的。""管理最好

[①] 杜维明：《新加坡的挑战》，三联书店，1989年，第116页。

的政府，就是那些干得最多的政府"①。此种传统意识使新加坡人容易接受和支持一个拥有必要集权的政府，这是新加坡能够实施精英治国的关键。因此，新加坡在实行什么样的政治模式时一定要考虑到不同社会文化的区别，必须找出一套适合自己传统文化和习惯的政治治理模式，而不能照抄照搬西方的民主政治。新加坡要的是带有专制倾向的权威精英政治模式。反之，轮流执政两党制或多党制生存的文化基础就必须包括如下的内容：对选举胜败的处之泰然；中产阶级占主导地位的公民社会，尤其是对选举的结果所采取的态度最为重要。前总理李光耀认为除了欧美民族具备这种文化素质之外，其他地区民族，如亚洲人、拉美人、非洲人都缺乏这种文化素质，他们都有一种不服输的心态。"他们输了，就开始斗你，直到你垮台②。"而西方国家的文化习俗是，彼此竞争的集团能够通过互相妥协、求同存异、协调矛盾、消除分歧和冲突来求得一致。要做到这一点很不容易，人民必须达到相当高的精神和物质水平，需要有一个人数众多的中产阶级阶层。几百年历史经验证明只有欧美若干国家的民族性格和国情适合推行这种西方式的民主政治，比如英国、美国、加拿大、新西兰、澳大利亚等。至于亚洲国家，并不具备这种条件。对于亚洲国家来说，其人民期待生活在一个稳定而有秩序的社会里，政府能最大限度地保障他们的生活丰衣足食，西方式的民主与自由对他们来说并不重要。新加坡人民行动党把精英人才紧紧集中在该党旗帜下，组织政府，同时让一些小党参与执政，共同管理国家，就

---

① 孙景峰：《新加坡人民行动党执政行态研究》，人民出版社，2005年，第138页。
② 曹云华：《新加坡领导人的政治思想》，《东南亚纵横》1997年第3期，第19—20页。

很适合国情。前总理吴作栋就认为,"一个稳定的系统,是让一个主流政党代表大部分的人民,在这种情况之下,这个系统可以允许其他几个边缘但又有崇高理念的小党存在。这些小党不可能有远大的视野,但至少他们代表了某些团体的利益"。李光耀也时时告诫选民,由于新加坡资源匮乏,一旦陷入困境,就不会有机会收拾残局。"一个大国可以超越危险的界限,然后卷土重来,一切从头干起。但是,新加坡不可能这样做。"因为"我们的政治人才太少,无法让两党平均分配。把我们有限的人才集中在一个主要政党内,并确保这个主要政党代表大部分人口,这样对我们今天更好。我们的政治制度必须稳固地建立在全国一致的基础上,在可以预见的将来,这意味着只有一个主要的政党以及好几个小党,这种政治哲学最能符合新加坡的利益。"①

总之,新加坡的精英治国政治模式不仅带有传统东方社会威权政治的浓厚痕迹,而且也融进了当代西方社会成熟法制精神和民主政治理念,它把西方先进理念和制度精华巧妙地融入了一个拥有东方文化背景社会,成功创造了一个适合东方社会的廉洁高效的发展机制。

三、现实原因

基于新加坡发展的现实状况,没有足够可供工业发展的资源,同时其国内发展基本需求也更依赖于进口。人口密度又实为世界最高的国家之一,且种族多样性,社会凝聚力不强。那么,面对这样复杂的现实环境,如何才能促进社会发展?具有忧患意识的新加坡人民开始探索新的

---

① 孙景峰:《新加坡人民行动党执政形态研究》,人民出版社,2005年,第45—72页。

国家治理理念。

（一）小国忧患意识与精英治国理念

特殊国情要求带有集权思想的精英政府而不是无休止的政治吵闹①。1965年，新加坡脱离马来西亚以后，国内党派争斗，工人罢工，种族冲突等矛盾纠缠在一起，社会动荡不安。在外部环境恶劣，内部矛盾纷争和民心不稳的局势下建设这个新国家，若没有一个强有力的集权政府来统一国民的思想，维护社会稳定，抵御外国威胁，就谈不上新加坡的发展，连生存都成问题。以李光耀来看，马来西亚、印度尼西亚好比是"大鱼"，而新加坡则是"小虾米"。他曾说："我们是一个非常小的国家，地处亚洲最南端，战略位置重要。当大象横冲直撞时，如果你是它们身边的一只小老鼠，又不懂大象的习性，那你的日子是很不好过的。"② 前新加坡外长拉贾拉南讲得更清楚："我们的外交政策之最重要的是我们与大马的关系，把我们与大马关系置于对外关系之下，这是十分不真实的做法。宪政形式是一回事，历史地理、经济和人口的事实又是另一回事……因此，我们不能像对待其他国家一样来谈论对大马的外交政策，这必然是一种特殊的外交政策，也必然是一种基于了解大马之生存和幸福是建立在新加坡之基础之上的外交政策。反之亦然，新之生存和幸福也是大马生存之基础。"③ 从中不难看出当时新加坡所处恶劣的生存环境。

---

① 李光耀：《李光耀40年政论选》，现代出版社，1996年，第189—172页。
② 理查德·尼克松：《领导者》，世界知识出版社，1997年，第468页。
③ 郭继光：《李光耀的地区合作观》，《东南亚研究》2000年第1期，第40—41页。

小国忧患意识，使李光耀及其后来领导者在政治上采取高度集权措施，经济上加强行政直接干预。虽其专制集权遭到西方国家指责，但新加坡人在生存危机的压力下支持了这个政权。在人民行动党带领下，新加坡建国后政府制定了一系列符合新加坡的国情政策，其中最引人注目的就是政治方面强调精英治国，积极加强执政党建设；实行种族平等、宗教宽容政策；促进国内各民族团结和融合；推行共同价值观；铸成新加坡国民意识；谋求社会安定团结。

　　在人民行动党带领下，为了求生存与发展，新加坡积极参加世界竞争，而参与世界竞争的原则是"要当第一"和"追求第一"。第一任总理李光耀说："有人不禁要问，我们的机场，我们的海港，非取得世界第一的荣誉不可吗？做世界第二机场，第二海港，少一点精神压力不好吗？我倒要问，既然如此，做世界第三机场，第三海港不是更轻松吗[①]？" 正是因为新加坡人争当第一的精神，激发了他们建设国家的热潮，使小国新加坡的面貌焕然一新。而在这背后，有相当一批精英在管理着国家，这些人受过良好的教育，素质高，并形成了一个精英团体，正是他们带领新加坡人民克服一切困难，在不利的生存环境中获得卓越表现，最终把新加坡带入发达国家行列。

　　从历届大选看，人民行动党在大选中取得骄人的成绩，甚至包揽全部议席，虽曾有人对它提出质疑和批评，但新加坡在它带领下，社会发展了，经济繁荣了，人民生活水平提高了，新加坡国际地位得到了世界肯定，这在某种程度上减轻了它的小国忧患意识。

---

① 曹云华：《亚洲的瑞士——新加坡启示录》，中国对外经济贸易出版社，1997年，第14—15页。

（二）精英治国利于降低社会发展成本

国内外学者在研究新加坡经济奇迹时，首先关注的是威权性质的精英政治体制，"东亚的经济起飞突显为一种典型的政治过程。东亚各国各地区的经济起飞和工业过程，几乎都是在专制政体（或一党执政）条件下完成的，即是由'发展导向型'的'强政府'以超常规的手段发动和推动的"[①]。西方学者也认为，"如果一个欠发达国家想要获得经济高增长率，它不得不接受一个致力于发展的权威主义政府"。"西方大多数理论家似乎都已经接受并带有几分懊丧地确认，发展需与权威主义政府相伴随，看来是不可避免的。"[②]

新加坡人民行动党执政后，面对如此复杂的社会矛盾以及外部压力，它需要建立精英治国体制来应对下述问题。

1. 可以确保社会稳定。在精英治国下，人民行动党及其政府拥有对社会的高度的控制权，反对党长期被边缘化，无力对人民行动党政权构成实质性的对抗，甚至反对党的生存空间也由人民行动党为其预留，这就避免了为权力的争斗而造成政治不稳定，也避免了因无休止的政治斗争导致社会资源浪费。

2. 可以从整体上规划、协调经济。执政党充分利用手中掌握的资源来制定经济发展的目标，确定主导产业，运用政府力量给予扶持，并适时调整产业结构，推动产业结构向合理化和高级化发展。

[①] 李晓：《东亚奇迹与强政府——东亚模式的制度分析》，经济科学出版社，1996年，第14页。
[②] 亨廷顿等：《现代化：理论与历史经验的再探讨》，上海译文出版社，1993年，第243—244页。

3. 降低社会发展成本。为了谋求社会的发展，又因精英治国战略所实施的措施可降低政府维护社会秩序的成本，弱化政治投入，使社会资源主要投向经济领域，带来整个社会政治产品产出少，经济产品产出多，先进的新加坡人自愿牺牲一些个人自由来换取社会繁荣。

新加坡精英治国理念在社会发展中具有刚性调控能力和强大的政治资源动员能力，有利于克服现代化过程中可能出现的政治动荡和危机。这种治国理念又有助于新加坡这个多种族、多宗教、多元文化的后发展国家应付各种复杂矛盾，又有利于在秩序稳定的状态下完成现代化进程[1]。尽管该模式被有些西方国家指责为专制政体和集权政治，可实践证明完全符合新加坡国情。

（三）精英人才与一党执政结合利于小国稳定

新加坡除人力资源外，无其他宝贵资源，如何防止人力资源流失和浪费，是关系新加坡生存和发展的头等大事。人民行动党在新加坡政治中一党独大制形成，除靠实绩、制度外，还靠人才，具体表现为：人民行动党尽量挖掘和网罗精英人才，把最优秀人才集中于人民行动党周围，谋求共同建设国家，形成了一个精英政党执政的"好政府"。如新加坡按西方国家实施两党或多党轮流执政，那么竞选的结果会把国家有限的精英人才分散到众多的党派里，造成人才流失和浪费。

纵观亚洲乃至第三世界国家，由于没能根据国情加以鉴别、吸收、

---

[1] 孙景峰：《新加坡人民行动党执政经验研究》，《深圳大学学报》（人文社科版）2005年第1期，第33—38页。

消化西方式多党议会民主政治模式,结果在一片弹劾、罢免、倒阁、示威、抗议的声浪中,部分国家发生动荡甚至流血冲突,由此产生经济不稳和长时间骚乱。因此,西方式的民主也并没有使得这些国家社会得到稳定和发展,更没有给人民带来任何好处,由此可以看出政治领袖们的无能和贪腐,使其民主完全失败。它们证明,民主不一定能产生好政府或选出好领袖①。很多反对党"就是为了反对而反对,反对党在伦敦、堪培拉、惠灵顿、新加坡或科伦坡,都不可能改变在朝政府的政策,如果反对党得到国会外示威的支持(如罢工或游行),他们最多只能制造不稳定的气氛。反对党所能做的,只是在国会里制造不同的声音和装模作样的愤怒情形……英国人民已经很对这种制度感到厌倦,对它感到无能为力"②。他经常告诫反对党:"你有没有一群能力和人民行动党的领导人相等的人来治理这个国家?你知道,你还没有。"③言外之意是,只有精英人才和人民行动党结合的"好政府"才有能力治理和管理好新加坡这个国家。李光耀十分推崇"好政府",他说"好政府"比民主人权更重要。他认为,亚洲人在建构"好政府"时不必追随美国人或欧洲人④。在李光耀看来,这是最适合新加坡国情的政党制度,因为当一个政体由一个主流政党长期掌握控制时,没有反对党的挑战和交出政权的压力,这样的政治体系就是稳定的;而当一个政体是开放的,其他政党可以参与选举,它就是民主的。前总理吴作栋也看到反对党制度的

---

① 吴俊刚:《民主失效的折腾和代价》,《联合早报》,2006年7月4日。
② 曹云华:《新加坡领导人的政治思想》,《东南亚纵横》1997年第3期,第19—20页。
③ 孙景峰:《新加坡人民行动党执政形态研究》,人民出版社,2005年,第74页。
④ 庄礼伟:《亚洲的高度》,广东旅游出版社,1999年,第413页。

危害性，他认为，如果新加坡出现政党轮流或联合政府，那将是一场大动乱。目前的一党优势加上几个小反对党，非常适合新加坡的国情①。与此同时，新加坡政府对反对党在财政、人员和活动上进行种种限制。然而为了避免国际舆论对其"独裁"和"集权"等不利指责和满足人民要求对执政党权利有所监督的愿望，新加坡政府又给予反对党一定活动空间，允许反对党提意见和建议，共同参与制订国家建设方针和政策，让反对党监督政府工作。这一切都是为了集拢有限的精英人才为国家服务，而不是分散在两个或更多的政党内，这意味着在可预见的将来只有一个主要政党即人民行动党以及好几个小党所组成的"好政府"来共同维护新加坡人民的利益。

四、结语

新加坡没有刻意模仿西方的政治模式，同时在行政权力制度形成上也没有拘泥于东方社会的传统政治模式，而是基于新加坡历史、文化和现实国情把东西方政治文明积极的东西结合起来，采取精英治国理论战略，从而造就了新加坡独特的政治体制。新加坡在地区乃至国际事务中发挥着不可忽视的作用。世界对新加坡的关注也决不因其领土面积较小而有所削弱，一直被誉为"小国中的大国"、"亚洲的瑞士"和"东南亚的以色列"。新加坡已成为殖民地时期后亚洲现代化和经济成就的榜样②。

---

① 李光耀：《李光耀四十年政论选》，联邦出版社，1995年，第577页。
② 迈克尔·利弗：《当代东南亚政治研究指南》，香港城市大学东南亚研究中心出版，2003年，第45页。

华侨华人

印尼山口洋华人的元宵大游行探析

广西民族大学民族学与社会学学院　郑一省

【内容提要】 华人自18世纪就移民到包括山口洋在内的西加里曼丹，为当地的建设作出了很大的贡献。元宵大游行最初是华人的一种"迎神日"仪式，后来慢慢发展成"神人交会"的盛大的多民族文化活动。

【关键词】 印尼山口洋　华人　元宵节　族群

一、印尼山口洋华人的历史与现状

山口洋（Singkawang）是印尼西加里曼丹省的一个城市。它位于西加里曼丹省的坤甸、三发之间，其西面临海，东面与南面分别由三座山，即尖山、芭西山和鬼头山（手指公山）所环抱，三岭逶迤，形成一道天然屏障，一条河流即山口洋河流（大港）贯穿市而过，蜿蜒入海。这个地方之所以被称为"山口洋"，按通俗的说法是因为这个地方坐山朝海，即面向大海，这也十分合乎逻辑。

山口洋的居民主要有华人、马来人、达雅人和爪哇人等。山口洋是印尼城市中华人最多的地方。根据2007年的估计，山口洋的人口大约有197079人，华人大约有12万，约占全市人口的62%。① 山口洋的华人之中，方言群体较多，主要有客家人、潮州人、福建人、广府人、兴化人等。不过，这些方言群体无论来自什么地方，他们都讲山口洋市面流行的"河婆客家话"，有所谓"潮州人也成客家人"之说。考察河婆客家话的来源，有的认为是移居此地的华人先民来自广东的海陆风等地，也有人认为其来自潮汕地区的揭西，因为在揭西有一个"河婆镇"，那里的人说的方言为河婆客家话。

至于华人何时移居山口洋，从一些历史资料来看，华人移居该地区应该始于18世纪。根据史学家N.J.Korm的记载，18世纪的婆罗洲（西加里曼丹的旧称）分属20多个马来王国，当地的采金业历史悠久。考古发现证明，早在15世纪，爪哇移民已在内陆的上游河岸附近从事采金活动。大约在1740年，华人矿工受当地马来苏丹之邀，从北部的渤泥（现今文莱）到西加里曼丹开采金矿。华人以坚毅耐劳的性格，苦干的精神，获得了非凡的成果。华人矿工的好声誉让其他苏丹尽相仿效，纷纷招揽到各自所属的境内开矿。18世纪中叶，三发县苏丹直接从中国请来了有经验的华工来采金，这些华工从采金中获得了财富，因此婆罗洲，遍地黄金的消息不胫而走。② 怀着淘金梦的年轻人，纷纷结伴南来。这些华工大多来自广东河婆、海丰、陆丰、揭阳、梅县潮州、福建等地。后来，太平天国失败后，有许多反清复明的义士、洪门组织成员，也纷

---

① 袁霓：《客家语言与文化在印尼几个地区的影响》，《坤甸日报》，2010年12月8日。
② 林世芳：《试论印尼西加华人近代史上的几个问题》，《西加风云》2009年版，第223页。

纷乘船出海，一部分来到婆罗洲。①

来到婆罗洲的华工，后来发展到山口洋各地。民国初年，有许多被卖到邦加、勿里洞的契约的锡矿工人，约满后，有的便来到西加山口洋等地，到山里开垦荒山，种植胡椒或树胶，这些人大多数是河婆客家人，山口洋人讲的河婆客家话，也许与这些落户的矿工有关。除了这些华人矿工外，聚集到山口洋的华人还有许多是在20世纪60年代中期从西加的其他县市而来的。1965年，印尼全国大动乱，处处排华。1967年底，山口洋附近的三发县全县骚乱，住在内地、山里的华人被凶残彪悍、持枪持刀的暴民抢掠，部分被杀戮，华人居住的村庄被烧毁，一片火海中，历代前辈开垦的耕地、胡椒园尽毁一旦。至亲骨肉各奔东西，几千难民从山里逃亡城市，大部分涌进山口洋，后来被安置在难民营之中。这些难民，后来有的到印尼各地谋生，有许多在山口洋等城市留下来安身。②笔者曾于2011年8月前往山口洋调查，在市郊发现了两个华人与达雅人混杂的村庄，那里面也住着两千多名从三发等地逃难而来的难民。

山口洋的华人与达雅人、马来人一起，开荒耕地、捕鱼种菜、设厂经商，为当地的经济建设和繁荣作出了巨大贡献。在山口洋市，以"大港"为界，划分为老埠头和新埠头，各有三条主要街道，成"三"字形并列而建。在老埠头有一条著名的"河婆街"，这是华人最先建立的街道。早年的河婆街两旁房屋，采用盐椒树板作建筑材料，时达80载的该

---

① 冬忍草文：《西加客家人生活点滴》，《印尼国际日报》2010年5月3日，A7版。
② 小隆文：《1967年山口洋华人难民真人真事逃亡记》，《印尼国际日报》，2010年8月6日，A7版。

街皇后旅馆，成姓的主人便是地道河婆人。中兴街，为新埠头当年最为繁盛的商住大街。山口洋新埠头开发较迟，二次大战后才逐步发展。早年的新埠头荒地一片，少数华人在此种菜。为了获取肥料，菜农们搭建了许多"屎缸"（厕所），供人方便，这新埠头新街道形成初期，取名为"屎缸街"。由于过于粗俗，欠文雅，随后更名为"中兴街"，寓意为中兴兴旺之街。在20世纪50年代，山口洋人口仅有3万多人，由于山口洋地理位置重要，来往坤甸、三发、邦嘎、孟加影的游客都途经这里，在此处投宿，故当年山口洋有多间旅馆，包括皇后、良友、丽华、新和、澳洲、庐山、印华等。现在有许多旅馆已不复存在，不过皇后旅馆仍然完好，二至四楼已成为燕子安乐窝。此外，还有幸福旅店、亚洲旅馆等在继续营业。

在建设山口洋的同时，当地华人也十分重视教育。在早期，山口洋华人建立的学校就有5—6间，即中华公学第一校、第二校和第三校，南华中学、山口洋近郊的福律中华公学、新光明印华学校和咖啡山印华学校等。其中南华中学较为出名，该校自1948年2月25日办校至1966年4月22日被迫关校为止，先后有32届毕业生，人数近2000人，南中校友遍布世界各地。而在苏哈托政府严禁华文使用的30多年里，当地的华文教师在恶劣的环境中，还暗地里坚持教学，现在是整个印尼师资生源最充沛之地。目前，山口洋华人所建的各种类型的华文补习班或补习学校达10多个，主要有山口洋教师联合会补习班、南中校友会补习班、新光明印华学校、福律新生华文补习学校等。

与印尼其他地区的华人一样，山口洋的华人很早就出于自身的安全，以及同舟共济的需要而逐渐建立了各种类型的社团组织。早年，中华公会和中华商会是当地华人的最高机构，它们在服务华侨、欢度国庆节、集体结婚、象棋比赛以及沟通当地政府、团结市民等方面起了积极作用。此外还有一些诸如江夏公所等宗亲会组织。目前，类似以往的中华公会那样的社团组织已经不复存在。除了诸如山口洋教师联合会、南中校友会，山口洋客家公会，以及一些专门办丧事的"死佬会"如义务互助社等比较活跃外，还有一个设在雅加达的"山口洋地区乡亲会"，与当地的华人有某种联系。

中华传统的宗教文化，一直是山口洋华人得以生存与延续下来的精神力量。在山口洋的大街小巷，建有规格不同的寺庙，其数量众多，至使山口洋市被誉为"千寺之城"。在山口洋的中兴街口有一座闻名遐迩的大伯公庙，它建于1878年。据说该地的荷兰殖民当局起初不同意建立此庙，但后来殖民当局的首脑又同意建了，传说是他有一夜得到了大伯公的奇梦而至。大伯公庙建立的缘由，是早期山口洋在未开发前还是森林之地，来到此地的华人相信每个森林里都藏有神灵，所以必须建立一个寺庙保护这些森林之神。大伯公庙的主神是大伯公和大伯婆，手拿表示权力与好运的"RU YI"，而主神的右边和左边竖立着广泽尊王、安济圣王雕像，它们分别是药神和生命之神。除了大伯公庙外，还有华光帝庙、观音庙、济公庙、三宝公和天皇庙等几十个大大小小的庙宇，每年都要举办各种祭神和游神活动。

二、印尼山口洋华人元宵大游行

元宵大游行，是山口洋每年最重要的节日。在山口洋，从元月30日晚上至15日要闹元宵，为时近半个月。该地华人在几个月前就要成立元宵筹备组，准备这半个月的庆祝活动。元月30日晚上，为时半个月的春节元宵庆祝活动正式拉开序幕，元月14日举行闭幕式。元宵大游行在元月15日举行。

山口洋华人的元宵大游行活动由来已久。据当地华人说，此活动已经有250余年的历史，这种游行不仅是华人庆祝传统节日，也是当地不同族群进行交流，展示各自文化的活动。因为，参加此游行的主要是华人，但也有达雅人和马来人等。参加游行的既有各种舞蹈和礼仪的表演者，还有身穿鲜艳彩服、面颊穿透着大大小小银针或树枝等、坐在刀轿上、挥动利剑、频频作出许多震撼人心动作的乩童。

可以说，元宵大游行其实在最初是华人的一种"迎神日"仪式，后来慢慢发展成"神人交会"的盛大的多民族文化活动，它主要通过以下一系列活动而组成。

（一）金龙劲舞

元宵大游行的正式活动是从"金龙劲舞"开始的。在2011年的正月十五的凌晨4点半钟，山口洋的坐标"大伯公庙"广场前已经是人山人海。随着庙里的一声重重鼓响，广场上空飘荡起"大富大贵大旺年，今年初一是新年，团团圆圆又一年，迎春接福喜绵绵，新年乐乐继旺年……"的歌声，同时黎明的夜空闪耀着阵阵礼花和烟火。在欢快的歌声和五彩缤纷的焰火中,一条约50米并闪耀着灯火的金色长龙上场了,在近40名舞龙者的操作下,一会儿龙首挺胸昂首,追逐宝珠,飞腾跳跃;一会儿龙身漫游,时而入海,时而飞入云端;一会儿龙头钻档,头尾齐钻。舞龙者的动作千变万化,让人目不暇接。据在场的组织者介绍,以往的龙是用草或布做的,虽然很轻,但表现时容易损坏。现在都用竹子扎制,并配以内燃蜡烛或油灯,成为"火龙"。按节数来说,以前最多只有11节,如今是13节,制作工艺在不断改进。"火龙"的目的是在夜间表演比较壮观。以前的舞龙者只有10多人,现在的舞龙者已经达37人。山口洋华人也在一些喜庆日子里舞龙,其目的是祈祷龙的保佑,以求得风调雨顺,五谷丰登。

(二)花车游览

金龙劲舞大约展演了近半个时辰,天似乎已经微微发亮,元宵大游行便进入第二个活动"花车游览"。在当地警车一阵阵的警声开道中,花车浩浩荡荡地从大伯公庙广场前,沿着中兴街,一路向前进发。走在花车游览最前面的是仪仗队、自行车队和摩托车队,这是一组饶有地方特色的队伍,他们由军乐队和自行车队组成。军乐队在乐队指挥下,"咚咚咚咚、咚咚咚、咚咚咚咚、咚咚咚",敲着军乐鼓、举着各式各样的旗帜,步伐划一、昂首挺胸地唱着军歌向前行进,而紧跟军乐队的是自行车队、摩托车队,他们骑着五颜六色的山地车或摩托车缓慢地行驶在游行队伍之中。第一辆花车,载着兔年的吉祥物"提着红灯笼的小白兔",紧随其后的是运载观音坐像的花车,只见慈祥的观音手拿花瓶，将"福气"尽播人间。在花车的游览队伍中，既有满载当地官员的花车，也有穿着艳丽民族服装的华人、马来人，还有袒露上身的山地民族达雅人。不仅有靓丽华人女子装扮的"七仙女"、观音、济公等神仙，也有装扮成菜篮神、大伯公和树神等地方神灵的花车。当地的达雅人也装扮成他们的各种自然神灵，展演在他们的花车上。

花车队伍自大伯公庙前出发，从中兴街一直到亚答街，再到华都街，绵延五六公里。花车队伍中，有各式各样灯笼的彩车、各式各样民族建筑屋顶的花车，偶尔中间还夹有当地政府派出的消防车，它们一路行驶，一路鸣着警笛，与在场的歌声、人声、笑声、汽车的轰鸣声合为一体，恰似一组协奏曲。

（三）乩童出巡

时针指向8点，元宵大游行进入最好阶段，也是最重要的时刻，即乩童出巡的活动。乩童，就宗教的观点，是指那些能够在宗教仪式中担任神明或鬼魂与人交往的媒介，其实质应该是中国古代专职的宗教职业者——巫师。"巫，祝也。女能事无形，以舞降神者也。"[①] 这是由祭祀活动派生出来的介乎人与神之间、专门以沟通神鬼与人类之间的联系为职业的人。据当地华人介绍，这里的乩童多来自于华人和山里的达雅人，他们平时像正常人一样工作与生活，只是在一些宗教仪式上才发挥他们异常的功能，比如他们可以用银针、树枝、钢丝等异物穿面颊、嘴唇、耳朵等，还可以用刀子插腹部、以利器割手臂等，最奇妙的是这些

---

① （汉）许慎著，（宋）徐馆校定《说文解字》，中华书局，2004年。

人被异物穿皮肤或用利器割肢体时都不会出血。[①] 笔者曾在当场见证一组乩童的穿异物的神功。一位年纪在30多岁，穿着白色背心和披着红色围巾的乩童，他正在表演给乩童用异物穿面颊。在穿异物之前，这位30多岁的乩童手里捧着一些铁砂类的东西，只见他口中吹了一下口哨，然后将手里的东西朝地下扔去，随后手掌向上，口中还念念有词。当这位30多岁的乩童做这些动作时，其他年纪大约在20多岁的三四个乩童，便一左一右地扭动着身躯。这时，这位30多岁的乩童走到一位20多岁的扭动身躯的乩童跟前，拿起随身带的银针先后穿过这个乩童的左右耳朵，又拿了两根一公分的钢丝分别穿过其左右面颊。而最为奇怪的是，这位30多岁的乩童还拿起早已搁在地上的大铁钩，将其钩穿在那位20多岁乩童的下嘴唇上。看这个大铁钩，大约有手指粗，它与一个自行车轮胎的钢丝圈连接在一起。这个钢丝圈的重量至少有10多斤。这位被穿了四五根异物的20多岁的乩童，不仅没有出一滴血，反而拿起穿在他嘴唇上的钢丝圈若无其事地飞舞起来。

按照当前民间宗教对乩童类型的划分，可以分为文乩和武乩。文乩是以吟唱，帮助不明者解惑或帮病患者治病，而武乩则帮助人们驱妖避邪、镇鬼安宅，因此具有刀枪不入、法力无边的特殊功能。参加山口洋元宵大游行的乩童是武乩，包括华人武乩和达雅人武乩。在这次元宵大游行中，有700多个乩童分别乘类似轿子的东西边走边表演，有的坐着，有的站着，有的则两脚踩在大刀上，有的用铁链穿进鼻子，游行队伍约三四公里长。这700多个乩童分别代表各路神仙，有许多神仙是来

---

① 2011年2月17日笔者与曾先生的访谈录。

自中国大陆，诸如关公、观音、哪吒、齐天大圣等，还有客家人所信奉的"菜篮神"，以及山地民族达雅人的自然神灵如山神、树神等。乩童们一路表演的种种摄人心魄的诡异动作，令在场的观众透不过气来，全场也似乎处于"神人交会"的场景之中。

三、印尼山口洋华人元宵大游行的文化内涵

山口洋华人每年一度的元宵大游行活动，其实是当地华人对传统文化的遵守、对信仰的恪守，也是当地不同民族、不同文化交流的产物。通过元宵大游行活动的展演，既表现出不同族群的文化属性，也反映了不同族群的文化心态及性格，还能从中觉察到当地民众对那超自然世界的想象与诠释，以及体现仪式从娱神到娱人的变迁过程。

（一）中华传统文化的传承

民俗本身所要表现的，是民众精神心理方面的习惯、礼仪、信仰等民族现象。一般来说，各个民族的民间活动都是在该民族的社会结构、经济生活以及风格习惯等条件下形成的。山口洋华人的元宵大游行活动，是当地华人庆祝新年的一种民间民俗事象，而活动过程中的各种展演实质上是中华传统文化的传承。

山口洋华人的元宵大游行活动，至今已经有250多年的历史。这种活动在苏哈托时期被迫停办，自2000年之后才得以恢复。据了解，元宵大游行在恢复初期还遇到许多阻碍，不过最终在华人社会以及友族的共同努力下，才正式得以复办。在元宵大游行中，中国龙、狮子舞、麒麟舞、红灯

笼、十二生肖、琉璃瓦屋顶、牌坊等中华传统文化元素一一展现在参加游行的当地的华人面前，而诸如汤圆、年糕、钵钣等中华传统的美食，不仅引起在场华人的食欲，更重要的是让他们以自己民族独特的饮食文化为傲。此外，各种神灵如观音、关公、大伯公、菜篮神等神像的出巡，使在场的华人们潜意识地认识到他们与其他族群有着不一样的崇拜习俗与信仰体系，从而使其文化认同得以建构。正如当地的一位老华人所说："我们老一辈的人就是希望借助于这种大张旗鼓的节日庆典活动，唤起华裔新生代对本民族传统文化的兴趣，延续本民族的香火。"①

（二）不同族群文化的交流

在人类历史上，一种社会活动或会众活动不仅具有活跃社会气氛的功能，也同时具有文化交往功能，它既可以使同一种文化的人在此场景中加强其认同，也可以使不同文化、不同人群在文化活动中得以交流、沟通和互动，从而达到相互了解、理解和谅解的目的。

山口洋华人元宵大游行，参加者不单单有华人，还有山地民族达雅人、马来人和爪哇人等族群。从华人与这些族群的历史关系来看，从华人先民移居到西加里曼丹时起，他们之间就保持了较好的关系。一位学者曾写道，"早在罗芳伯时代（1772—1745年），从罗芳伯、张亚才到许多部下，都开始与达雅族、马来族通婚，后来成为西加的融合族群"。② 只是在苏哈托统治时期，由于当时政府的别有用心，造成华人

---

① 2011年2月17日笔者与林先生的访谈录。
② 李卓辉：《西加华人的历史贡献和今后的发展》，《坤甸日报》，2010年12月25日。

与当地的族群如达雅人的关系一度紧张。比如，1967年9月15日，苏哈托以对付北加游击队为借口，挑拨达雅人驱赶全部在西加里曼丹各村镇进行农业、农园建设的数十万华人，违背人权，侵吞华人先辈辛辛苦苦建立的住宅和园地，造成数万华人死亡，十多万华人流离失所，成为20世纪最悲惨的一次反人权大事件，这就是史上所称的"红头事件"。不过，自苏哈托下台后，当地的达雅人已意识到这是受苏哈托军政府的利用所发生的事件，他们现在仍像其先辈那样加强了与华人来往，并支持华人为自己的生存与权力而斗争。其突出的表现是在2008年印尼的地方选举中，达雅人与其他选民一道先后支持华人黄汉山成为西加里曼丹省省长、黄少凡成为山口洋市长。山口洋的元宵庆祝活动在前几年受到其他族群的阻挠，曾经发生过一些不愉快的事情，华人树立在市中心的一条巨龙也受到破坏，后来，经过各种努力，尤其是在黄少凡市长上任后协调各族之间的关系，做好民族团结工作，才逐步使华人的元宵庆祝活动走上正轨，不再受到其他民族的阻挠。而在这次山口洋华人元宵大游行中，达雅人派出了许多辆颇具其民族特色的花车来参展，并组织许多歌舞表演者和乩童来展演他们独特的舞蹈、服饰和巫术。而其他像马来人、爪哇人等族群也组织了其游行的方阵，诸如军乐队、自行车队和摩托车队等，从而展现了山口洋多姿多彩的文化，并加强了不同族群之间的文化交流与互动。

（三）巫文化的显现

一般认为，那种能游离于人神之间，而且还能在善与恶、美与丑、真与假的转换与交替中发挥着媒介或中介功能的，这就是巫。巫是随着人类社会的历史阶段的产生、发展和演变而形成的。巫实质上反映了先民的信仰、幻想和心态。[①] 在山口洋华人元宵大游行中，700多个乩童各式各样的展演，其实也是巫文化的一种独特存在和表现方式。

有的学者认为，巫文化是以祭祀鬼神、扮演鬼神、沟通鬼神、传达鬼神和驱鬼逐疫而显示其神秘性。[②] 在山口洋元宵大游行中，700多位乩童扮演诸如齐天大圣、济公、三太子、关公、菜篮神、山神和树神等神灵，充当着神明或鬼魂与人交往的媒介。他们在巡游中，手拿各种尺寸的银针、钢筋和木根，以及各种兵器如七星剑、鲨鱼剑、月斧、铜棍、刺球等。他们除了表演异物穿肢体外，还举行了"耍刀轿"仪式。所谓"耍刀轿"，即扮演某神明的乩童，坐在由许多刀口朝上，椅背上还插着几根三角形令旗的刀轿上。有的乩童还在脚蹬和靠背上安放了好几把利刀，有的在左右扶手的位置上也安置利刀，使人感觉到这些乩童是坐在或站在利刀上的。这些乩童坐在这些以刀架起来的刀轿上，由刀轿夫（他们也是乩童）抬着他们出巡。在出巡时，坐在刀轿上的乩童有时会突然站起来，拿着利剑割自己的舌头，或用利剑刺胸、砍头等。有的直接站在刀刃上，用脚使劲蹬着刀刃。这些坐在刀轿上的乩童，在刀轿上所作的各种动作，既显示了他那种所谓至高无上的地位，也同时彰显出他有着特殊的法力，而他们扮演着各种神灵以及对自己的躯体所作的各种动作，更显示了他们作为神人交流媒介的神秘感，这正是一种巫文化

[①] 陈育燕：《模仿中的期盼——以湄洲岛元宵"闹妈祖"舞蹈"耍刀轿"的乩童为例》，《北京舞蹈学院学报》2009年第1期。

[②] 刘冰清：《巫文化与傩文化关系新探》，《怀化学院学报》第3期。

的集中表现。

四、从娱神到娱人

从当地华人叙说和查阅资料来看，早期山口洋华人元宵大游行中虽然有娱人的功能，但娱神的色彩较为浓厚。比如，元宵节在山口洋被称为"迎神日"。也就是说，早期当地华人庆祝元宵节主要受鬼神观念的驱动。在元宵节这天，山口洋周边的神轿、刀轿都陆续汇集在山口洋大伯公庙。游行开始前，信众需向大伯公庙中的大伯公奉献三牲，需顶礼膜拜，以便迎新祈福。这是一种祭奠神灵的仪式。如果在祭拜仪式中不虔诚，或不先举行之，将被认为是对神灵大为不敬的表现，不仅不能达到迎新祈福的目的，反而会招来祸祟。在祭拜仪式中，巫师（乩童）们也需在此虔诚地祈求神灵，其目的是获得刀枪不入的神力。在游行过程中，出游者从大伯公庙中抬出大伯公神像，簇拥着它向前行驶，而各类型的神仙、神灵坐像或雕像紧随其后。除了各种神仙神灵外，乩童成为游行队伍中的主角。

随着时间的推移，原先纯粹是华人参与的元宵大游行，其他族群如当地的达雅族、马来人等也参与进来。这些族群的加入，给以华人为主的元宵大游行赋予了不同的文化元素。比如，达雅人的自然神灵崇拜，以及马来人的歌舞、打击乐等。尽管在元宵大游行中所祭祀的主要对象是鬼神，以及乩童仍在表演其神力，游行中却出现了许多载歌载舞的队伍。虽然大游行的主要目的还在于娱神，但是那些能使人倾吐情怀，能使人娱乐心身的歌舞表演，无疑会使宗教的色彩在逐渐淡化，关爱人间、注重人世冷暖的世俗色调在增强。换句话说，山口洋华人元宵大游行被赋予了许多现实的精神，其宗教精神已渐渐转换成一种陶冶性情的娱乐精神，并更加社会化与生活化。实质上，元宵大游行已从浓厚的娱神性逐渐过渡到娱人的阶段。

21世纪初印度尼西亚华商的经济地位
——以华商大企业为分析重点[①]

华侨大学华侨华人研究院助理研究员、博士　刘文正

【内容提要】 进入新世纪，印尼宏观经济的景气和华人生存环境的改善，带动了华人经济的恢复和发展。华商企业依然在国家经济中占有重要地位，但由于国家资本、原住民资本、跨国资本的快速扩张，华商资本在国民经济中的比重呈下降趋势。经过1997年金融危机洗礼的华商大企业，基本完成结构调整，竞争力进一步提升，在农业、房地产、百货零售及香烟、造纸、食品等制造业中占据优势地位。华商中小企业数量庞大，行业分布广泛，充满活力，是繁荣国内市场和促进就业的重要支柱。

【关键词】 印度尼西亚　华商企业　经济地位

一、前言

印尼是东盟最大的成员国，也是海外华人最多的国家，2007年约有

---

① 本文为华侨大学科研基金课题《21世纪初东盟五国华商经济地位研究》（11HSK30）、教育部重大委托项目《东亚华侨华人软实力》（10JZFD007）阶段性成果。

华侨华人1000万，约占当年该国总人口的4.1%。① 当地华商经营历史悠久，实力雄厚，在印尼经济、社会的发展进程中发挥着不可忽视的重要作用。在1997年的金融危机中，印尼属重灾区，华人经济不可避免遭受巨大冲击，广大华商损失惨重。危机之后的华人企业，为谋求生存和发展，进行了较长时间的结构调整、产业转型、经营模式转换。新世纪印尼宏观经济环境不断改善，经济保持稳定增长，2000年至2010年该国经济年均增长率达到6.74%。② 良好的经济环境，有力地推动华人经济恢复和发展。据庄国土教授课题组保守估算，2009年印尼本土华商资本已突破1600亿美元。③

伴随着华商企业经营的改善，华人富豪的财富也水涨船高。2011年福布斯杂志公布了新的印尼富豪榜，华商富豪占据巨大优势，凸显了印尼华商在经济危机后令人惊叹的生存能力与经济活力。在2011年印尼十大富豪中，有9位是华商；排名前20名的富豪中，有15位属于华族；40位富豪中有一半以上是华人。2011年印尼20大华人富豪家族资产总额达625.9亿美元，华人富豪们人均资产超过30亿美元。该年印尼首富是烟草、银行业大亨黄惠忠、黄惠祥兄弟，家族财富为140亿美元，兄弟俩拥有印尼第二大丁香烟生产企业针记集团（Djarum），控制着印尼最大的银行中亚银行（Bank Central Asia）。印尼第一大烟草企业——盐仓集团的掌舵人蔡道平则排名第二，家族财富105亿美元。排名第三的是金光集团的创建人和董事长黄

---

① 庄国土：《东南亚华侨华人数量的新估算》，《厦门大学学报·哲社版》2009年第3期。
② *ASEAN Statistical Yearbook 2010*, p.35. "ASEAN Statistics Leaflet：Selected key indicators 2011", Oct. 2012, http://www.aseansec.org/22122.htm.
③ 数据来自庄国土等：《华侨华人经济资源研究》（未刊报告）。

奕聪，家族财富80亿美元，旗下核心业务包括造纸、银行、棕榈油等。①

表1　2011年印尼20大华人富豪　单位：亿美元

排名	姓名	净资产	排名	姓名	净资产
1	黄惠忠、黄惠祥兄弟	140	11	翁俊民	14
2	蔡道平	105	12	谢重生	13.5
3	黄奕聪	80	13	纪辉琦	13
4	刘德光	37	14	林德祥	12.2
5	林逢生	36	15	范乔	12.1
6	陈江和	28	16	郭桂和	10.4
7	吴笙福	27	17	徐清华	9.5
8	彼得·松达	26	18	陈砂民	9.4
9	林天喜	24	19	黄一君	7.3
10	傅志宽	15	20	李文正	6.5

资料来源：根据"2011年福布斯印尼40大富豪"整理。

二、华商大企业② 总体实力评估

1997年亚洲金融危机之后，印尼华商大企业经过艰难的、长期的资产重组和结构调整，逐渐摆脱了经营困境，并重新在印尼经济和社会发展中扮演重要角色。根据2008年度营业业绩报告进行统计排名，印尼8家最大的私人企业中，有5家是华人企业。黄奕聪的金光集团2008年营业总值为81.36万亿盾，净利润18.78万亿盾，成为印尼最大私营企业。排名第二的是林绍良家族的三林集团，该集团在1997年的金融危机中损失惨重，2005年至2006年才从危机中恢复过来，③ 进而在随后的几年里实现快速增长，2008年集团在印尼市场共获得60.02万亿盾的收入，净利

---

① 详情见表1。
② 本文的华商大企业是指华商具有经营控制权的上市公司和未上市大型华人企业。在现实研究中，学术界经常运用"华人企业集团"的概念指称华商大企业。所谓"华人企业集团"指的是由华人资本家或其家族所有为主的核心企业及其若干相关企业所组成的企业群体。
③ Marleen Dieleman, "Shock-imprinting: External Shocks and Ethnic Chinese Business Groups in Indonesia", *Asia Pacific Journal of Management*, Volume 27, 2010, p.489.

润也从2007年的3.05万亿盾增加至4.38万亿盾。第三名是印尼土著企业，即现任人民福利统筹部长巴克里（Aburizal Bakrie）的巴克里集团。排名第四至第六都是华商大企业，分别为彭云鹏的巴里托太平洋集团、彼得·松达的雄鹰集团（Rajawali Group）、徐清华的芝布特拉集团。位列第七和第八的大私营企业是两家土著企业Para集团和Bhakti集团。① 2009年印尼华人上市公司市值约为1045亿美元，② 约占同期国内上市企业市值的49.48%；另据《亚洲周刊》统计，2009年印尼九大华商上市企业的总市值为150.72亿美元，营业收入达173.45亿美元。③ 上述数据表明印尼

表2 印尼九大华商上市企业（2009年）   单位：百万美元

名次	公司名称	市值	营业额	纯利	总资产	股东权益
1	金光农业资源有限公司	3580.6	2985.9	1382.5	6825.5	4613.7
2	盐仓集团	2734.8	3119.0	193.9	2482.0	1600.1
3	印多福食品有限公司	2013.7	4000.3	106.6	4082.3	876.3
4	泛印度尼西亚银行	1730.2	324.3	72.3	6639.0	818.1
5	力宝卡拉哇吉公司	1238.4	263.3	38.2	1215.4	464
6	金光永吉纸业	998.2	2277.0	202.4	5968.0	2150.3
7	PT Sinar Mas Multiartha Tbk	943.3	827	27.2	1601.9	273.6
8	巴里多太平控股	942.8	1889.2	−350.5	1777.9	703.7
9	PT SMART Tbk	3580.6	2985.9	1382.5	1033.7	475.8

资料来源：《2009年全球华商1000排行榜》，《亚洲周刊》网站，http://www.yzzk.com/htm/events/2009_1000/content.cfm?Heading=15。

---

① 《金光集团总收入81.36万亿盾，成为印尼收入最大私企》，[印尼]《国际日报》，2009年5月2日，B2版。
② 原晶晶、杨晓强：《印度尼西亚华人及其资本发展现状》，《东南亚纵横》2011年第6期。
③ 根据《亚洲周刊》的《2009年全球华商1000排行榜》整理。

华商大企业依然保有强大实力，在国内经济中的地位举足轻重。

三、华商大企业的行业分布

据著名的华人企业家林文光估计，目前印尼大约有170家华人大财团或集团企业，[①] 投资主要分布在农业（种植业）、房地产、百货零售、金融业以及香烟、造纸、食品、纺织成衣、建材、石化、家居用品等制造业领域。

在农业领域，华商大企业的投资主要集中在棕榈种植业和木材业。棕榈种植业是近年来华商最热衷投资的行业，当前华商在该行业已占据绝对优势。2009年印尼最主要的11家棕榈种植企业，有9家属于华商企业，2008年棕油产量排名前三位的企业都是华商企业，这三大企业棕油产量为376.16万吨，种植面积113.31万公顷，约占当年印尼棕油总产量的两成、总种植面积的16%。黄奕聪的金光集团是印尼最大、世界第二的棕榈种植企业，2008年棕油产量169万吨，共拥有棕榈种植面积63.74万公顷；三林集团排名第二，2008年棕油产量为107万吨，拥有种植面积33.58万公顷；排名第三的是陈江和的金鹰集团，该集团通过旗下的亚洲农业公司已经发展了16万公顷的种植园，年产量达到100万吨。[②] 此外，郭氏家族的丰益国际和林天宝家族的杉朴纳农业公司分别拥有21.86万公顷和16.9万公顷的棕榈种植园，黄惠忠家族的针集团也于2009年建立印

[①] 林文光：《中国实施"走出去"发展战略与印尼华商》，中国侨网，2010年7月10日，http://www.chinaqw.com。

[②] 《印尼主要棕榈业企业资料》，[印尼]《国际日报》，2009年4月28日，B7版。

尼Hartono种植公司，投资3亿美元，开发数十万公顷棕榈种植园。① 在木材业方面，主要的华商大企业有彭云鹏的巴里多太平洋集团和黄双安的材源帝集团。巴里多太平洋集团在全国拥有超过40万公顷森林和10万工业用林的特许采伐权。② 材源帝集团在印尼拥有庞大的森林区，年产木材100万立方米，为该国林牧业的支柱企业。

表3 印尼主要棕榈业企业

集团名称	集团首脑或主要股东	2008年产量（万吨）	拥有棕榈园的面积（公顷）
金光集团	黄奕聪	169	637361
三林集团	林逢生	107.155	335772
金鹰集团	陈江和	100	160000
阿斯特拉集团	怡和策略	98.154	258900
丰益国际	郭氏家族、吴笙福	83.561	218645
杉朴纳农业公司	林天宝家族	24	169000
巴克利集团	阿布力扎·巴克里	15.978	80000
盐仓集团	蔡道平家族	—	300000
针集团	黄惠忠、黄惠祥兄弟	—	100000
雄鹰集团	彼得·松达	—	50000
文斯集团（Wings）	陈锡基家族	—	50000

资料来源：笔者根据《印尼主要棕榈业企业资料》（印尼《国际日报》，2009年4月28日，第B7版）及其他相关资料整理。

---

① 《针集团投资3亿美元进军棕榈业》，[印尼]《国际日报》，2009年4月28日，B2版。
② 数据来自巴里太平洋集团网站，http://www.barito-pacific.com。

华商大企业在房地产业拥有较大优势。近年来印尼华商把大量资金投向房地产,主要的大型华人房地产企业有李文正的力宝卡拉哇吉公司(Lippo Karawaci)、徐清华的芝布特拉集团、傅志宽的大都会肯加纳公司(Metropolitan Kentjana)、汤新隆的波德摩罗集团(Agung Podomoro)、曾国奎的慕利亚集团(Mulia Group)、林文光的金锋集团(Maspion Group)、梁世桢的全宝集团等。力宝卡拉哇吉公司是印尼最大的上市房地产开发商,2009年公司总资产12.13万亿盾,营业收入2.57万亿盾,总利润1.19万亿盾。[1] 芝布特拉集团是印尼最大房地产商之一,旗下有三家上市的地产公司,雇员1.4万名,2009年三家上市公司的营业收入合计2.06万亿盾,[2] 集团近年来大力发展海外业务,目前在新加坡、印度、中国、柬埔寨、越南五国开发房地产项目。[3] 波德摩罗集团开发的住宅、商用及综合性项目总占地面积超过480公顷,慕利亚集团旗下共拥有11个商业地产项目,其中包括位于雅加达的一座高57层的写字楼以及一家5星级酒店。全宝集团2009年营业收入为1.2万亿盾,净利润1670亿盾,集团收入主要来自全宝万豪新村和椰风新城这两个大型房地产项目。[4]

在1997年的金融危机中,华人银行业深受打击,20多家华资银行先后被清盘、倒闭。[5] 幸存下来的华资银行经过长期重组和调整,经

---

[1] *Lippo Karawaci Annual Report 2009*, p.4.
[2] 根据芝布特拉集团三家房地产上市公司 PT Ciputra Development Tbk、PT Ciputra Property Tbk、PT Ciputra Surya Tbk 的2009年年报整理。
[3] 《徐清华对国家贡献重大 被评为世界优秀企业家》,[印尼]《国际日报》,2008年6月4日,B3版。
[4] 《全宝集团去年净赚1670亿盾》,[印尼]《国际日报》,2010年5月7日,B8版。
[5] 冯洋:《论印尼金融危机下的华资银行》,《南洋问题研究》2003年第3期。

营状况大为改观，但就华商银行的整体实力而言，时至今日还未恢复到1997年以前的水平。目前印尼规模较大的华商银行主要有黄惠忠兄弟的中亚银行、李文明家族的泛印度尼西亚银行、黄祖耀的印尼大华宇宙银行、林文光的印尼玛斯比安银行、黄奕聪的金光银行、翁俊民的国信银行、洪明辉的印尼环球银行等。根据印尼中央银行2009年4月的统计，在印尼的十大商业银行中，中亚银行排名第三，总资产245.59万亿盾；泛印度尼西亚银行排名第七，总资产67.68万亿盾。① 印尼宇宙银行原为汪氏家族所有，后为黄祖耀的大华银行收购，2010年正式更名为印尼大华宇宙银行。翁俊民的国信银行是印尼四大私人银行之一，2009年银行总资产7.6万亿盾，全国共有130个分行。② 值得一提的是，印尼华人资深银行家李文正属下的力宝集团，在银行业默默无闻多年之后，重新进入印尼银行业，2010年10月收购了延生国民银行（Bank National Nobu）60%的股权。③

华商大企业在印尼的百货零售业居于领先地位。2007年印尼11大零售企业排行榜，有三家属于华商企业，力宝集团旗下的太阳超市（Matahari）以9.77万亿盾的营业收入④雄踞榜首，市场占有率高达30.9%；余玲娇属下的英雄超市（Hero）以5.15万亿盾的营业收入位居第二，市场占有率为16.3%；黄一君的印尼王牌硬件公司（ACE

---

① 《十大商业银行盈利增32%》，[印尼]《国际日报》，2009年6月13日，B2版。
② *PT Bank Mayapada International Tbk Annual Report* 2009, p.8.
③ 《力宝集团再进入银行业，近日根据央行规定收购延生国民银行》，[印尼]《国际日报》，2010年10月7日，B8版。
④ *PT. Matahari Putra Prima Tbk Annual Report* 2008, p.12.

Hardware）位列第8，营业收入为8866亿盾。① 截至2010年6月，太阳超市公司已在印尼建立起庞大的销售网络，旗下拥有91家百货商店、50家大型超级市场、25家超级市场、53家连锁药房、90个家庭休闲中心、18家国际书店。②

在制造业方面，华商大企业广泛地分布在丁香烟、造纸、食品、纺织成衣、建材、石化、家居用品等领域。目前印尼本土最大的两家丁香烟制造企业都为华商所有，分别是蔡道平的盐仓集团和黄惠忠兄弟的针集团。盐仓集团是印尼本地的最大丁香烟制造企业，2009年集团在香烟领域净利润3.4万亿盾，销售额为32.97万亿盾，资本总额为52.14万亿盾，员工约4万人。③ 针集团是印尼第二大丁香烟制造企业，目前盐仓集团与针集团两家企业在印尼香烟市场占有率超过四成。亚洲浆纸业有限公司（APP）是金光集团从事造纸业的旗舰，该公司是亚洲最大的浆纸企业和世界第三大造纸企业，2010年拥有20多家制浆、造纸公司和近200多万公顷人工速生林，主要分布在印尼和中国大陆。陈江和的亚太资源国际控股有限公司在印尼拥有并且经营着世界规模最大的一体化浆纸生产联合体，包括制浆厂、造纸厂、化工厂和技术领先的热电厂。该联合体位于印尼苏门答腊岛廖省，纸浆年生产能力达210万吨，办公用纸年设计生产能力达80万吨。

三林集团旗下的印多食品公司（Indofood）是印尼最大的食品制造企

---

① 《印尼零售业今年可增长15%》，[印尼]《国际日报》，2008年5月14日，B2版。
② 资料来自力宝集团太阳超市网站，http://www.matahari.co.id。
③ "Gudang Garam to pay dividends of Rp1.25 trillion", July 2010,http://www.antaranews.com/en/news/1276777125/gudang-garam-to-pay-dividends-of-rp125-trillion.

业，产品包括面粉、方便面、乳制品、食品调味料、食用油、零食以及营养食品。2011年该公司销售收入45.3万亿盾，净利润3.1万亿盾。① 以产量计算，印多食品为全球最大方便面制造商之一，年生产方便面120亿包；以单一地点产能计算，印多食品位于雅加达的磨粉厂为全球最大磨粉厂之一，年加工小麦480万吨。纺织成衣业也不乏大型的华商企业，如郑年锦的马龙佳集团、陈大江的大江集团、陈森爵家族的PT Batik Keris等。马龙佳集团是印尼最大纺织成衣企业之一，集团旗下共有18家纺织公司，构成从纺纱到成衣制作完整的产业链，产品70%出口至50多个国家和地区，在印尼有"纺织大王"之称。

金融危机之后，彭云鹏的巴里多太平洋集团逐步转向石化工业、造纸业、汽车工业、酒店旅游业等多领域发展，属石化工业成就最大。2010年彭云鹏将巴里多太平洋集团控制的两家大型化工企业合并，成立詹德拉阿斯利石化有限公司（PT Chandra Asri Petrochemical Tbk），合并后的企业将涵盖石油化工业所有的生产链，2011年的营业额可达20万亿盾，是全国最大的石油化工生产企业。② 陈锡基家族的文斯集团1948年成立于泗水，目前是印尼最大的肥皂和日用产品制造企业，该集团也是联合利华在印尼的最大竞争对手。林文光的金锋集团（Maspion Group）是印尼最大的耐用消费品制造商，旗下共有60多家工厂，生产厨具、塑料制品、玻璃制品、家用电器及配件、建材等产品8000多种，产值达10亿美元，年出口额达2.5亿美元，在印尼每个家庭几乎都能看到金锋的产

---

① 《第一太平有限公司2011年度报告》，第34—35页。
② 《彭云鹏合并两石化企业 具积极作用》，[印尼]《国际日报》，2010年10月5日，B3版。

品。① 目前，金锋集团的业务涵盖铝业、银行业、电子业、化工业、房地产业，建有自己的码头和加工出口工业区；分支机构遍布印尼全国，并延伸至中国内地、中国香港、新加坡、加拿大、日本等地区。②

综上所述，我们不难发现华商大企业在印尼经济领域中仍占有重要地位，在某些行业拥有较大优势。但是，由于国家资本、土著资本以及外国资本的迅速发展，印尼华人企业集团面临激烈竞争，其经济地位较于20世纪90年代已相对下降了。比如在香烟制造领域，盐仓集团和针集团正受到全球两大烟草巨头菲利普莫里斯公司和英美烟草的极大挑战，国内市场份额不断缩小，2005年菲利普莫里斯公司收购了林天宝家族的印尼第三大烟草企业杉朴纳公司。

四、华商中小企业实力与现状

中小企业是印尼国民经济的重要基石。印尼国家统计局以雇员人数为标准对企业类型进行界定：雇员人数为1—4人为家庭式作坊或称微型企业；雇员人数为5—19人的为小型企业；雇员人数为20~99人的为中型企业；雇工100人以上的为大型企业；其中微型、小型、中型企业统称中小企业。2007年印尼约有4984万家中小型企业，③ 到2011年已增加至5200万家，大约占全国企业总数的99.9%。④ 2010年印尼中小企业吸收了

---

① 《专访金锋集团总裁林文光》，[印尼]《国际日报》，2010年9月6日，B7版。
② 吴崇伯：《论印尼华人企业集团的经济转型与新进展》，《东南亚研究》2008年第2期。
③ Source from *Statistics Indonesia 2007*.
④ 《印尼中小企业增至5200万家》，[印尼]《国际日报》，2011年7月25日。

全国97%的就业人口，对GDP的贡献为57%。①

绝大多数华商企业属于中小企业，它们遍布全国各地，在促进国家经济发展、创造就业机会方面发挥了重要作用。一般认为华商中小企业产值约占印尼所有中小企业产值的三至四成，有学者估算2009年印尼华商中小企业资本大约为593亿美元。②在印尼，华人大部分都居住在县以上的城市，③雅加达、泗水、万隆、日惹、茂物、棉兰、巨港、坤甸、马辰、乌戎班棠、万鸦老、三宝垄等华人聚集的城市是华商中小企业主要的集中地。华人经营的中型企业有5000多家，小型企业和家庭式手工业小作坊难以计数，他们中有许多分布在印尼政府设在全国各城镇的约1万个小型工业区内（Industrial Clusters），雇用数名工人，其中包括不支付工资的家庭成员。④西方学者实地调研表明，印尼政府仅在人口密集和资源相对贫瘠的中爪哇便设立了4400个小型工业区，其中印尼华裔人士开设的工厂在工业区内往往占据较为优势的地位。⑤

就行业分布而言，华商中小企业主要集中在批发零售、进出口贸易、餐饮休闲、制造业、交通、建筑、农产品种植与加工等行业。批发零售、贸易等商业领域是华商中小企业经营的传统产业，营业网点遍布全国各地，对于丰富印尼人民物质文化生活，促进国内商品流通和出口

---

① Mourougane, A., "Promoting SME development in Indonesia", *OECD Economics Department WorkingPapers*, No. 995, OECD Publishing, 2012.
② 原晶晶、杨晓强：《印度尼西亚华人及其资本发展现状》，《东南亚纵横》2011年第6期。
③ 庄国土、刘文正：《东亚华人社会的形成和发展：华商网络、移民与一体化趋势》，厦门大学出版社，2009年，第415页。
④ 沈红芳：《经济全球化下的东南亚中小华商企业》，《华侨华人历史研究》2007年第3期。
⑤ Hendrawan Supratikno, "the Development of SME Clusters in Indonesia", in Denis Hew and Loi Wee Nee (eds.), *Entrepreneurship and SMEs in Southeast Asia*, Singapore: Institute of Southeast Asian Studies, 2004, pp. 120-123.

具有重要意义。据印华著名企业家林文光估计,经营商贸的华人小企业主大约为30万。① 印尼中小华商经营的小吃铺、饮食店、酒楼遍布全国各城市,他们除经营中餐外,也经营本地饮食。不少华商在城市繁华地带开设KTV、夜总会,如雅加达著名的夜总会海莱、王朝、沁圆都是华人企业。在制造业方面,中小华商广泛地分布在家具、纺织、服装、鞋类、食品、饮料、木材加工、塑料制品、小五金、零配件制造等领域。近年来,由于印尼宏观经济环境景气,跨国公司和大企业基本摆脱了20世纪90年代后期经济危机的阴霾,跨国公司和大企业分包业务较先前有了进一步发展,许多承接此类分包业务的华商中小企业因此获益,但另一方面却使得华商中小企业越来越处于依附生存的地位。在农产品种植和加工领域,除了像金光农业、金鹰集团这样的大型华人种植企业外,更多是数以万计中小华商种植园主。他们种植的经济作物既有胡椒、甘蔗、椰子、咖啡、烟草、可可、油棕等传统作物,也有玉米、高粱、花生、草菇、芦笋、西瓜和木薯等新作物。除了种植外,中小华商还广泛涉入经济作物加工工业。

在1997年的亚洲金融危机中,印尼华商中小企业虽遭受冲击,但不如华人企业集团那般严重。中小华商的资金多数依靠自身积累,所欠外债不多,原料和市场都在国内,加之劳动力低廉,因此它们能较快渡过难关。近十年,印尼政府吸取了金融危机的教训,认识到中小企业对于经济发展的重要性,出台了一系列促进中小企业的政策,在

---

① 林文光:《中国实施"走出去"发展战略与印尼华商》,中国侨网,2010年7月10日,http://www.chinaqw.com。

融资、财政、税收等领域给以诸多扶持和便利。许多华商中小企业因此获益，发展十分迅速。

五、结语

进入新世纪，国家经济的稳定发展和华人的生存环境的日益改善，为华商企业恢复和发展创造了较好条件，但敏感的族群关系与隐性的歧视政策，依然给华商企业的发展造成一定的压力。从长远趋势看，由于国有资本、原住民私人资本、跨国资本持续扩张，华商企业在印尼国内经济的比重可能进一步下降。经过上世纪末金融危机洗礼的华商大企业，逐渐走向成熟，经营业务方式趋于稳重，整体素质得到提高，诸如金光、三林、力宝等一批华人企业集团已完成经营结构调整，迸发出新的活力。华商中小企业数量庞大，是繁荣国内市场、促进就业的重要基石，但仍面临着融资困难、基础设施不佳、电力和能源供应不足、经营者和劳工素质较低等诸多挑战。2010年中国—东盟自贸区正式建成后，中国与东盟经济关系不断深化发展，印尼华商凭借其独特优势必将在中国与印尼的经贸关系中扮演重要角色，并在此过程中不断壮大自身实力。

前殖民时期菲律宾的中国移民

广西民族大学硕士生导师　陈丙先
广西民族大学东盟学院硕士研究生　方园园

菲律宾隔南中国海与华南相望，与我国有着悠久的交往史。中菲交往具体始于何时，学界尚无定论。乔治·马尔科姆（George A. Malcolm）在其著作《第一马来共和国》（First Malayan Republic）中认为，"中国人到菲律宾与居民贸易，可以远溯至公元前二三千年间"。[①] 菲律宾历史学家克莱则认为，"西历纪元前，当中国周秦时，菲人已与中国人来往。菲之政府且屡致贡于中国。中国以天朝自居，亦尝以爵位及珍物，此政治上关系也。中国商人常至菲岛贸易绸米等物，历三月至五月而返，此商业上之关系也"。[②] 日本学者长野朗也认为，早在周秦时代，中国人就已来到菲律宾与当地居民贸易。[③] 美国学者海颠则认为，根据历史和考古学的研究，远在7世纪以前，中国人就已经来到菲律宾群岛从事贸易。日本的河野七郎则认为，在1000年以前，菲律宾和中国已有密切的联系。从中国史籍记载来看，明确的中菲交往始于宋初。

---

① George A. Malcolm, *First Malayan Republic*, Boston, 1951, p.268.
② 刘继宣、束世澂：《中华民族拓殖南洋史》，商务馆印馆，1934年，导言部分。
③ 长野朗：《华侨（支那民族之海外发展）》，东京，昭和三年，第113—114页。

交往的加深，必然会带来往来人员在对方土地上居留的现象出现，或侨居，或定居。中国移民何时开始移居菲律宾，就如同中菲交往具体始于何时，学界也无有定论。在现有史料中，16世纪70年代是明确记载的出现华人留居的最早的时代。不过，其他一些史籍的模糊记载或民间传说，或多或少提到或暗示了那之前居留现象的存在。

一、关于移民开始时段的争议

刘浩然在其《中菲关系史初探》一书中，引述菲律宾历史教授拜也的观点，认为菲律宾最早来自中国的移民乃是中国东南沿海的福建人，这些中国移民被称作"用陶瓮埋葬的人"（Jar-Burial People），也被称作"福卡氏"（Hakkas），或作福建客家人。这些中国福建的移民，在公元3—8世纪，即我国三国时代至唐朝初叶这五六百年中，广泛分布于菲律宾东部沿海各地。① 此一说强调了两点，即早在公元3世纪华人移民就开始移居菲律宾，并且规模较大，此一民族学上的研究成果是否与历史事实相符，尚有待于研究。

郑玉书在其《中菲历史文物之梗概》一文中提到，"东晋高僧（法显）自天竺归，途经苏洛群岛时，已见有华人聚居其间"。② 此一说，黄滋生先生认为"失之过早，也无确凿证据"。③

而黄滋生在其《十六世纪七十年代以前的中菲关系》一文中认为，

---

① 刘浩然：《中菲关系史初探》，泉州：泉州市菲律宾归侨联谊会，1991年版，第7页。
② 郑玉书：《中菲间历史文物之梗概》，《台湾风物》1961年2月第10卷第2期。
③ 黄滋生：《十六世纪七十年代以前的中菲关系》，《暨南学报》（哲学社会科学版）1984年第2期，第34页。

"自公元7世纪起,即有华人移居菲律宾,这一说似较合理","至迟在唐代,我国同菲律宾就已存在贸易关系。由此推断,在唐朝,或具体说来是晚唐时期,我国就可能有移民在菲律宾"。① 此一说立足于贸易与移民的关系,认为出于贸易自身的需要,受限于航海技术、自然条件(如季候风)、遭遇海难等因素,使得中国的出海商人和船员不得不在海外作短期或长期的居留。黄先生将海外贸易看作海外移民的主要诱因,与庄国土教授在《海外贸易与南洋开发与闽南华侨出国的关系——兼论华侨出国的原因》一文中的有关观点相一致,庄教授认为"古代闽南华侨出国主要与对外贸易相联系"。② 而在时段上与阿利普(Eufronio M. Alip)在其《十个世纪的菲中关系》(Ten Centuries of Philippine-Chinese Relations)一书中相关观点相一致,即"华人移居菲律宾由几个浪潮组成,即七世纪的移民,十六、十七世纪的移民,以及十九世纪的移民"。③

刘继宣、束世澂在其《中华民族拓殖南洋史》一书中则认为,"菲律宾……确有中国移民,自明代始"。④ 此一说确实未免太晚,因为至明代已经有了华人移居菲律宾的确切记载,而在此之前,中菲间已经有了好几百年有明确历史记载的交往史。

---

① 黄滋生:《十六世纪七十年代以前的中菲关系》,第34页。
② 庄国土:《海外贸易和南洋开发与闽南华侨出国的关系——兼论华侨出国的原因》,《华侨华人历史研究》1994年第2期,第55页。
③ Eufronio M. Alip, *Ten Centuries of Philippine-Chinese Relations*, Manila: Alip, 1959, p.23.
④ 刘继宣、束世澂:《中华民族拓殖南洋史》,第89页。

二、有关华人留居菲律宾的传说与记载

虽然史料明确记载的出现华人居留最早时代为16世纪70年代,但根据一些史料的模糊记载和学者推论,华人留居菲律宾的时代远早于那一时间。

(一)菲律宾的竹林传说

有关华人留居菲律宾最早的传说,恐怕莫过于菲律宾到处流传的一个竹林神话故事。据说,在很久之前有一个中国亲王的儿子,从他父亲停泊靠近菲岛的船上跑出来。他逃到岸上,刚好碰见一个从竹林下来的美丽女子,他们结为夫妇,便生下了菲人的始祖。但也有人说这位从父亲船上跑出来的是中国亲王的女儿,同一个竹林下来的男子结婚,产下了菲人的祖先。源于这一神话,菲律宾许多地方的壁画中,画有一个裸体美女蹲在剖开的大竹节内。①

(二)林旺之说

据郑民的《菲律宾》一书所载,"相传十四世纪间,有闽人名林旺者,航海到菲,为菲人烈山泽,驱猛兽,教菲人以种种耕稼上之知识,菲人始由游牧时代,渐入农业时代。日用诸物,亦皆自我国南方输入,因之吾国南方商人,相继偕来"。② 这个传说反映了两个历史事实,一是有华侨在菲岛居留,二是华侨在菲律宾的农业发展方面作过贡献。

---

① 刘芝田:《菲律宾民族的渊源》,香港东南亚研究所,菲华历史学会,1970年,第32—33页。
② 郑民:《菲律宾》,商务印书馆,1925年,第31—32页。

（三）黄昇平之说

李长傅在《中国殖民史》一书中写道，"根据苏禄王室家谱所载，（元代总兵）黄昇平初至文莱，率中国人甚多，盖受元帝命求山顶神龙之宝，此山后名'支那巴鲁山'。……归途中同伴王刚，争夺宝石。黄昇平乃回文莱。黄有女嫁文莱苏丹阿克曼德（Akhmed），时在1375年。……阿克曼德之公主，嫁夏律阿丽（Arab Sherip），后继王位，即今文莱王家之始祖也"。[①] 因此事未见载于中国史籍，作者引述温雄飞乡人黄卓如发现"黄总兵之墓"之说进行佐证。对此，陈台民先生认为，"不管这位'黄总兵'的身世如何，也不管他是叫黄昇平还是黄森屏，他是苏禄苏丹的国戚，这是没有疑问的"。[②]

（四）回教传教士之说

据刘芝田的《菲律宾民族的渊源》一书所载，1380年阿拉伯法官沙里夫或克里迈尔（Sharif Makdon or Krim-ul-Makhdun）乘坐中国海舶到苏禄群岛中的一个被称为Simunul (Simonor?)的岛上传播伊斯兰教。与他同往的还有不少中国的伊斯兰教传教士，其中一位名叫默哈姆顿（Mohamdum Amin-Allah 又名 Sayyid An-Nikab）的回教领袖，后来还成为苏禄的法官。他处事公正，很得民心，后来死于苏禄，其墓至今犹存。另一位回族学者，也在苏禄传教，终死于塔普尔（Tapul）岛，至

---

① 李长傅：《中国殖民史》，商务印书馆，1937年，第96—97页。
② 陈台民：《中菲关系与菲律宾华侨》，朝阳出版社，1985年，第54页。

今，其墓还在该岛山中。①

（五）本头公的故事

菲律宾政府编纂的苏禄史所记载及1926年11月20日菲律宾《华侨商报》所登载的白本头（或本头公）的故事，尽管相互矛盾及与史实不符之处甚多，但还是能够说明一个事实，即早在15世纪在苏禄群岛已有华人移民的存在。黄滋生在其《十六世纪七十年代以前的中菲关系》一文中记述，"本头公原名白丕显，大约是在1403或1424年随郑和宝船之一到苏禄，有人据此认为他是郑和随行的使节之一。关于他在苏禄的活动，未见翔实记载。但从他在当地至今所享受的声誉看来，似乎他在苏禄地区起了不小的作用。后来，他死于和乐岛。其墓在和乐镇附近两英里的地方，今天已成为后人景仰之处"。②

（六）《元史》所载

据《元史》琉求国传载，"琉求在南海之东。……世祖至元二十八年九月，海船副万户杨祥请于六千军往降之，不听命遂伐之。朝廷从其请。……至元二十九年三月二十九日……祥乘小舟至低山下，以其人众，不亲上，令军官刘闰等二百余人以小舟十一艘，载军器，领三屿人陈辉者登岸，岸上人众不晓三屿人语，为其杀死者三人，遂还"。③ 另

---

① Cesar Adib Majul, "Chinese Relationship with the Sultanate of Sulu", compiled in *The Chinese in the Philippines*, edited by Alfonso Felix Jr., p.143. 转引自刘芝田：《菲律宾的民族渊源》，东南亚研究所与菲华历史学会，1970年，第142—143页。
② 黄滋生：《十六世纪七十年代以前的中菲关系》，第35页。
③ 宋濂：《元史》，卷二一〇《琉求传》。

据《元史》三屿条载,"三屿国近琉求。世祖至元三十年,命选人招诱之。平章政事伯颜言:'臣等与识者议,此国之民不及二百户,时有至泉州为商贾者。去年入琉求,军船过其国,国人饷以粮食,馆我将校,无它志也。乞不遣使。'帝从之"。① 比较这两条史料,有两个方面值得注意:一是三屿人"时有至泉州为商贾者",说明双方之间的商贸往来密切,可以进一步推测,在元代宽松的海贸政策下,前往三屿的中国商人应该多于前来中国的三屿商人;二是充当元军向导的三屿人陈辉竟让琉求岸上人众不晓其语,说明他并不太熟悉琉求语言。"三屿国近琉求",两国语言应该差距不大,土生的三屿人不至于让琉求人不晓其语。再者"陈辉"很像个华人名字。所以,尽管黄滋生、陈台民等都认为三屿人陈辉是一位在泉州居留的菲律宾人,笔者认为他也有可能是一个留居三屿的华人,因为通晓华语和三屿语而被元军选作向导,可能是由于在三屿所待的时间不是太长,在口音、腔调方面尚未本地化,让原本就有语言差异的琉求人不知所云。

(七)《岛夷志略》所载

据《岛夷志略·浡泥》载,"(浡泥土人)尤敬爱唐人,醉也则扶之以归歇处"。②《中华民族拓殖南洋史》一书则将此诠释为"华人之留居者綦众,至得彼土人之欢心"。③ 这说明在加里曼丹岛西岸已有华人留居,并与土著居民关系融洽。又据《岛夷志略·勾栏山》载,"(元代)

---

① 宋濂:《元史》,卷二一〇《三屿》。
② 汪大渊著,苏继庼校释:《岛夷志略校释》,中华书局,1981年,第148页。
③ 刘继宣、束世澂:《中华民族拓殖南洋史》,第54页。

国初，军士征阇婆，遭风于山下，辄损舟，一舟幸免，惟存丁（钉）灰。见其山多木，故于其地造舟一十余只。若樯柁、若帆、若篙，靡不具备，飘然长往。有病卒百余人不能去者，遂留山中。今唐人与番人丛杂而居之"。① 勾栏山位于今加里曼丹岛西南端的格兰岛（Gelam Island）。这个事实同样说明在加里曼丹有不少的华人居留者。由于广州—占城—渤泥—菲律宾航线，则南海航线的旁支，是中菲传统商路，中国海商非常熟悉，出于谋生或贸易上的需求，留居加里曼丹的华人转而迁居菲律宾南部各群岛是有可能的，特别是苏禄群岛，因为那里不仅盛产名贵的珍珠，还是菲律宾南部的区域贸易中心。还有一个原因就是，加里曼丹岛与菲律宾南部的苏禄群岛、巴拉望岛之间不仅地理上邻近，而且政治、经济、文化联系密切，明初的北加里曼丹为苏禄西王属地，巴拉望为苏禄峒王属地，② 这为留居加里曼丹的华人自由迁徙减少了障碍。

（八）《明史》及《东西洋考》所载

据《明史》载，"先是，闽人以其地近且饶富，商贩至者数万人，往往久居不返，至长子孙。佛郎机既夺其国，其王遣一酋来镇，虑华人为变，多逐之归，留者悉被其辱"。③ 这里清楚地说明了在西班牙东来之前，已有不少华人留居吕宋。另据《东西洋考》载，"苏禄……夷人虑我舟之不往也，每返棹，辄留数人为质，以冀后日之重来"④ 魏

---

① 汪大渊著，苏继庼校释：《岛夷志略校释》，中华书局，1981年，第248页。
② 汪大渊著，苏继庼校释：《岛夷志略校释》，中华书局，1981年，第180页。
③ 张廷玉等：《明史》，卷三二三《吕宋传》。
④ 张燮：《东西洋考》，卷五《苏禄·高药》。

安国（Edgar Wickberg）在《菲律宾生活中的华人》（*The Chinese in Philippine Life 1850—1898*）一书中认为，明代苏禄群岛的和乐岛是一个周边地区土产品的重要贸易中心，上有一个中国人的码头和居住区。① 这与《东西洋考》的记载相符合。可惜的是，成书于1617年的《东西洋考》所记载的情况可能发生在殖民者东来之后，魏安国则没有指明"中国人的码头和居住区"到底是存在于明代前期还是后期，还是整个明代。因为都存在指代明代前期情况的可能性，所以列出于此，候方家批评指正。

（九）《菲律宾群岛》所载

最早明确记载华人在菲律宾居留情况的是西班牙殖民者。据布莱尔和罗布森（E. H. Blair and J. H. Robertson）合编的《菲律宾群岛1493—1898》（*The Philippine Islands,1493-1898*）所载，当1570年5月戈第抵达马尼拉时，发现那里住着40名已婚的中国人和20名日本人；② 而当黎牙实比1571年再次进攻马尼拉时，发现居住在那里的华人有150名。③ 据Alip估计，至1565年黎牙实比登陆菲岛的时候，那里的中国人很可能不少于1000人。④

---

① Edgar Wickberg, *The Chinese in Philippine Life 1850–1898*, Manila: Ateneo de Manila University Press, 2000, p.4.
② E. H. Blair and J. H. Robertson, *The Philippine Islands,1493–1898*, Cleveland, The Arthur H. Clark Co., 1903, Vol.3, p.101,pp.167-168.
③ E. H. Blair and J. H. Robertson, *The Philippine Islands,1493–1898*, Vol.3, pp.167-168.
④ Alip, *Political and Cultural History of the Philippines*, Manila, Alip and Sons Inc., 1954, p.279.

三、结语

虽然华人赴菲的历史悠久,并且大规模赴菲的起始时段很早,但在东南亚国家中,菲律宾的华人数量相对不多。根据庄国土教授的最新研究,2006年菲律宾有华人约150万人,占当地人口总数的1.6%。[1] 但据美国人类学家贝耶博士的研究,菲律宾人的血管中有10%的血液是中国人的。[2] 这说明有大量的华人与菲人融合在了一起。探究华人移居菲律宾的历史,不仅有助于了解中菲交往史,还有助于了解中菲两国间的民族渊源。

---

[1] 庄国土:《东南亚华侨华人数量的新估算》,《厦门大学学报》(哲社版)2009年第3期,第64页。
[2] 格雷戈里奥·F.赛义德著,吴世昌译:《菲律宾共和国的历史、政治与文明》,商务印书馆,1979年,第29页。

语言文化

浅析佛教对泰国语言文字的影响

广西民族大学东盟学院教师 潘艳贤

【内容提要】 泰国是佛教国家，佛教在泰国传播的过程中对泰国的语言文字产生了非常重要的影响，本文从文字、语音、词汇三个方面分析佛教对泰语的影响。

【关键词】 佛教 泰国 语言文字

宗教在历史上对语言的发展起到了重要的作用。佛教是历史宗教的一种，随着经济、文化交流的日益频繁，佛教逐渐传入其他国家。一方面，佛教语言与当地语言融合；另一方面，佛教语言也对当地语言产生了深远的影响。[①] 泰国被誉为"黄袍佛国"，是一个典型的佛教国家，经历了七百多年的发展，佛教文化已经同泰国传统文化密切结合，并在融合的过程中互相影响，促进了泰国文化的发展。而在这个过程中，佛教对作为文化载体的语言文字有着非常深刻的影响。本文将就佛教对泰语文字、语音、词汇的影响做简单的介绍和分析。

---

① 赵盈仪：《试论宗教对语言的影响——以佛教与基督教为例》，《剑南文学》2011年第7期，第154页。

一、泰国佛教概况

泰国佛教历史悠久。佛教发源于印度，早在公元前3世纪（前267—227年），印度孔雀王朝的阿育王就曾派出使团前往现今的缅甸和泰国传播佛教。当时泰国已出现孟人建立的小国，孟人的主要活动区域大致在现今泰国中部和南部。随着印度佛教的传入，孟人很早就接受了佛教。据中国史籍对当时西南部的孟人国家林阳国的记载，该国"皆恃佛，有数千沙门"，可见佛教在当时非常盛行。到公元7世纪，堕罗钵底国已成为泰国湄南河下游的重要国家，佛教已更为流行。在这一时期，佛教从泰国南部传到了北部地区。公元13世纪素可泰王国建立后，兰甘亨国王为了建立与政治相适应的独立文化，加强中央集权，积极引进经过锡兰改造的小乘佛教（或称南传上部座佛教）。由于受到统治阶级的推崇和扶持，小乘佛教传入泰国后，与泰国原有的精灵崇拜、祖先崇拜和婆罗门教等原始宗教相结合，在泰国迅速传播，从此取代了早期由印度传入的大乘佛教并成为了泰国国教。①

经过七百多年的发展，佛教在泰国的政治和社会生活中占据了重要地位，对泰国的历史和文化产生了持久而深远的影响。期间泰国数次改朝换代，历经阿育陀耶王朝、吞武里王朝直至现在的曼谷王朝，佛教地位从未改变。1932年泰国确立了君主立宪制以后，从首部宪法起，虽然一直规定公民有信仰宗教和宗教中的某一教派的自由，但佛教作为事实上的国教的地位从未动摇。上至帝王贵族，下至平民百姓都是虔诚的

---

① 潘远洋：《海纳百川与吸收融合——从泰语语言观泰国文化之特征》，王介南主编：《南亚东南亚语言文化研究》（第5卷），军事谊文出版社，2006年，第87页。

佛教信徒。国王必须是佛教徒，必须是佛教的扶植者，否则不得继承王位。每个男子一生中必须出家一次，王族也不例外，社会才承认他是个"完人"，男人们也以此作为报答父母养育之恩的最高德行。据20世纪70年代初统计，泰国佛教徒约占全国人口总数的95%，泰国僧团大约有28万人，全国寺院约2.5万座，佛塔达10万座以上，平均每一个乡有一座寺塔[①]。至今，信仰佛教的人口比例一直保持在95%以上，几乎家家户户都设有佛龛或佛堂，以供佛教徒拜佛念经之用。僧侣备受敬重，在社会各阶层有很大的发言权，无论是在高楼林立的现代化大都市曼谷，还是在远离世尘的偏远农村，随处可见金光闪闪的佛寺，沿街化缘的僧人。佛教对泰国人的影响是系统而深刻的，它与泰国人的生活息息相关，从王室仪式、国民教育、婚丧嫁娶到生老病死等生活种种，无一不与佛教有关，佛教已被认为是维系家庭、社会团体的道德规范，"生死轮回"、"因果报应"等佛教思想和佛教教义成为人们的行为准则、行动指南。也因此泰国佛学兴盛，全国约有9000所教授佛学和巴利文的佛学院，另有两所佛教大学。泰国的文学、建筑、音乐、绘画等无一不受佛教的影响，可以说佛教的影响已经渗透泰国社会和文化的各个方面，包括语言文化、宫廷文化和传统文化，因此，说"在泰国，佛教代表整个泰族文化"也不为过。

正是由于佛教在泰国的广泛传播以及强大影响力，因此，当泰语还处于萌芽状态时，早已深入人心的佛教文化便对泰语形成了无可取代的优势，作为佛教文化载体的梵巴语也对泰语产生了深远的影响，并奠定

---

① 尔东：《泰国佛教概况》，《法音》1982年第3期，第12页。

了泰语语言文字的基础。梵巴语是梵语（Sanskrit）和巴利语（Pali）的合称，二者都是古代印度所使用的语言。梵语是印度古典文学语言，相对于民间所使用的俗语而言，又称为雅语，相传为梵天所创造，因此而得名，它是大乘佛教和婆罗门教使用的经典语言；而巴利语属于中期雅利安语，是较早的一种印度方言，在很多方面都和梵语接近，只是简化了不少，主要用来记载小乘佛教的经典。梵语和巴利语是随着大乘佛教和小乘佛教传入泰国的。泰国僧俗在翻译梵巴语佛典和宣讲佛教的过程中，吸收了大量的佛教词汇并创造了大量的新词，极大地丰富了泰语的基本词汇。对于泰语来说，梵语和巴利语对它的影响是共生一体的，因此在谈到外来语影响的时候，往往把梵语和巴利语放到一起来讲，合称为梵巴语。①

二、对文字的影响

泰语有文字记载的历史只有700多年。泰语最早的文字资料是13世纪末素可泰王朝兰甘亨国王碑铭，铭文中有如下记载："该泰文由兰甘亨国王创造，此前并无此种文字。"② 在该铭文中已经出现了按梵巴语构词法复合成的词，这表明当时泰国已有精通梵巴语的人了。也就是说在素可泰王国建立以前，泰语文字中已出现了梵巴语的词汇。

泰语文字间接来源于印度文字。古时的印度文字种类繁多，但发展到

---

① 金勇：《泰国人的姓名及其民族语言特点》，云南民族学会傣学研究委员会编：《傣族文化研究论文集》（第二集），云南民族出版社，2007年，第205页。
② 裴晓睿：《泰国语言文字文化》，王维雅主编：《东方语言文字与文化》，北京大学出版社，2002年，第262页。

最后可分为两大体系，一个是北方的"天城体"文字，一个是南方的"格兰特体"文字。"格兰特体"体系中最重要的是"帕那瓦"文字。大约于公元6世纪左右，帕那瓦文字被印度南方商人带到印度支那地区，成为这一带地区文字的基础。帕那瓦文字逐渐演变到了公元11—12世纪，便被"古孟文"和"古高棉文"取而代之。古时候印度支那地区是由高棉、孟和占婆等民族分割统治。它们都各自在帕那瓦文字的基础上创造了自己的文字。古孟文和古高棉文是泰国文字的直接模式。兰甘亨国王创造的泰国文字就是在古高棉文字的基础上产生并被沿用至今。[①] 700多年来虽有一些改变，但变化不大。泰语文字是拼音文字，单词由辅音、元音和声调组成。现代的泰语共有44个辅音字母，其中16个是多余的，剩下的28个才是基本的辅音。多余的辅音主要用来音译梵语和巴利语的词汇。其中2个实际上已被废除。字母表中的字母按照梵巴语的规则排列，也即根据其在辅音发出时接触部位的不同而分成6类，从左向右书写。

　　泰语语言的发展过程是大量引进、吸收外族语言文化的过程。在700多年的发展过程中，泰语广泛吸收了各民族的文化和语言，包括梵语、巴利语、相当数量的孟语、高棉语、汉语、马来语和英语词汇等[②]。在现代泰语中，使用的梵巴语借词最多，书面语和口语普遍都有，大部分是政治、哲学、宗教、艺术、心理及抽象用语，占泰语字汇60%以上。泰语中的很多词汇都是全盘照抄梵巴语，只是为了发音

[①] 邱苏伦：《印度文化对泰国文化的影响》，北京外国语大学亚非语系编：《亚非语言文化论文集》，外语教学与研究出版社，2004年，第226页。
[②] 傅增有：《泰语三百句》（外语实用口语三百句系列之十一），北京大学出版社，1996年，第1页。

的方便通常把最后一两个音节去掉，但是在书写上却依旧保留了梵巴语原有的字形。所有梵巴语的字母都可以用泰语字母一一对应地转写过来，这也使得泰语在借用梵巴语词汇的时候没有任何障碍和束缚，泰国人已经把这些来自梵巴语的借词视为自己文字文化传统的一部分。① 梵巴语对初创时期的泰语，无论是文字的演变还是词汇的创造，其影响都是很深的。

三、对语音的影响

佛教在传播过程中，不仅对泰语文字的演变产生了深刻的影响，还对泰语语音的发展起到了积极的推动作用，使泰语的音韵表达形式更加丰富和准确。

1. 佛教语言—梵巴语加速了泰语词汇的双音节化进程。词汇双音化可从两个方面来理解，"双音"即由两个或两个以上的双音节词或多音节词组成，它包括单纯词和合成词；"化"是单音词向双音词转化发展到一定数量后，所形成的一种态势和倾向。② 泰语，旧称暹罗语，属汉藏语系壮侗语族壮傣语支。③ 汉藏语系的特点之一是"大部分的词以单音节的词根为基础"④，泰语亦有此特点。在泰语的词汇系统中，泰语固有词汇是以单音节为主，由于佛教文化的影响，使佛教圣典用语

---

① 邱苏伦：《印度文化对泰国文化的影响》，北京外国语大学亚非语系编：《亚非语言文化论文集》，外语教学与研究出版社，2004年，第226页。
② 杨光远：《泰语词汇双音化现象探析》，《云南民族大学学报》（哲学社会科学版）2012年第2期，第134页。
③ 傅增有：《泰语三百句》（外语实用口语三百句系列之十一），北京大学出版社，1996年，第1页。
④ 王力：《汉语史稿》，北京：中华书局，2004年。转引自杨光远《泰语词汇双音化现象探析》，《云南民族大学学报》（哲学社会科学版）2012年第2期，第134页。

梵巴语在泰语中产生了极大的影响。梵巴语属于印欧语系,多音节词是它的重要特点,这对泰语的词汇系统产生了重要的影响,使原本单音化的泰语走上双音化、多音化的道路。13世纪泰国素可泰时期的兰甘亨碑文是泰国目前发现的最早、最完整的泰文文献。① 在该碑文里,大部分是单音节词,但同时也出现了同佛教相关的双音节词和多音节词,如巴利语借词 phi^{453}haan^{24} "佛堂"、phan^{33}saa^{24} "佛历年"都是双音节词②,此外还有持戒、膜拜、佛教、安居期、袈裟、佛像、佛寺、高僧、菩提树、僧舍天神、罪孽、佛教、佛陀骨灰、佛塔、功德等梵巴语佛教词汇。语言是随着社会的发展而发展变化的,泰语双音词的产生和发展的内部原因是语言自身的发展规律,外部原因是外来语(主要是梵巴语)的影响和吸收。

2. 发生音变现象。泰语中的语音连声规则(Sandhi),也叫做句内连声法,是指句内词语之间进行组合连读的时候,前一个词的尾音和后一个词的初音要根据一定的规则发生连声的一种音变规则。③ 这种现象是来自梵巴语的影响,使用连声规则的词也都是梵巴语的泰语借词。梵巴语词汇一般都是多音节词,泰语借用时把音节缩短,一般是缩短最后一个音节,这样,最后一个首辅音就变成了尾辅音。如此一来,泰语中的梵巴语借词的发音便与原词发音不一样,大多产生了音变现象,以符合泰语的发音体系。

---

① 傅增有:《泰语三百句》(外语实用口语三百句系列之十一),北京大学出版社,1996年,第1页。
② 杨光远、何冬梅:《泰语词汇双音化现象探析》,《云南民族大学学报》(哲学社会科学版),2012年第2期,第137页。
③ 金勇:《泰国人的姓名与其民族语言特点》,云南民族学会傣学研究委员会编:《傣族文化研究论文集》(第二集),云南民族出版社,2007年,第207页。

3. 形成特殊拼读、拼写规则。即一种读音多种写法，一种写法多种读音。这是因为泰语中借用了梵巴语、高棉语的大量词汇，甚至它们的构词方法而形成的语言现象。

四、对词汇的影响

佛教对泰语的影响还体现在其大大丰富了泰语的词汇。泰语中不仅吸收了大量的梵巴语，而且还利用梵巴语的构词法来创造了许多新的词汇。泰语分为世俗用语、王室用语和僧侣用语三种。现在这三种用语中仍保留着不少梵巴语的词汇或词根，镌刻着佛教语言的深刻印记。例如1952年出版的《泰语词典》，仅以泰语中字母"K"开头的词为例，这些词共有537个，其中外来语借词占101个（巴利文、梵文93个，高棉文5个，英语2个，其他1个）[1]，巴利语和梵语占外来语的92%。

1. 僧侣用语

僧侣用语言在词汇上以书面语为主，这赖于佛教由民间宗教到上层宗教的历史发展，其词汇多为典雅词语和专门术语。其中佛教专门术语是僧侣用语区别于一般语言的标志。泰国的佛教经典主要是巴利语系《大藏经》，因此僧侣诵经使用巴利语。除了吟诵经文需要使用专门的佛教语言外，僧侣之间、僧侣与普通人之间交谈时亦需要使用专用词汇以便达到委婉表达的作用，这些词汇大多源自梵巴语。

---

[1] 潘远洋：《海纳百川与吸收融合——从泰语语言观泰国文化之特征》，王介南主编：《南亚东南亚语言文化研究》（第5卷），军事谊文出版社，2006年，第85页。

首先是对僧侣的专门尊称，即僧侣的称呼语。僧侣在泰国是一个特殊的阶层，地位仅次于皇室贵族，深受统治阶层重视。泰国人对僧侣的称呼是非常尊重的，称呼僧侣不能用其俗家姓名，须称呼其法号或者根据被叫者和叫者之间的关系来确定。具体的尊称情况，参见下表1。

表1　僧侣的专门尊称

僧侣尊称	
พระสมเด็จ	领德，称呼僧王级的僧侣，在泰国佛教界有着崇高的地位。
หลวงตา	师公，称呼资历深或年老的僧人。
หลวงปู่	师公，称呼资历深或年老的僧人。
หลวงพ่อ	师父，称呼庙宇住持、资历深或中年的僧人。
หลวงพี่	师兄，称呼较年轻的僧人。
ครูบา	大师，称呼泰国北部另一支派的僧人，他们通常身穿深褐红袈裟。
ลูกศิษย์	称呼隐居在森林中的僧人，是级别和地位较高的僧人。
พระสงฆ์	僧人。
อาจารย์	师父，在不知道姓名的情况下称呼。
เณร/สามเณร	沙弥，称呼年龄看起来在20岁以下的小和尚。

从表中可以看出泰国人对僧侣的称呼非常尊重。泰国的僧侣高度行政化，大致可以为五个等级。僧侣的第一个等级是 สมเด็จ，所有名前加有 สมเด็จ 的僧人都是僧王级的僧侣。僧王由国王御封，是泰国僧务委员会的主席，亦即泰国佛教界的最高领导人，是泰国人民的精神领袖，是泰国灵魂的象征。第二个等级是 หลวงตา/หลวงปู่，用于称呼年长、资历深的僧人，"ตา" 有 "外祖父" 之意，"ปู่" 指祖父。第三个等级是 หลวงพ่อ，用于称呼资历深或庙宇主持的僧人，"พ่อ" 有 "父亲"之意。第四个等级是 หลวงพี่，用于称呼较年轻的僧人，"พี่" 有 "兄

长"之意。หลวงตา、หลวงตา/หลวงปู่、หลวงพี่这几个称呼中都有"หลวง"这个词,"หลวง"有"伟大的、皇家的、首要的"等含义,显示僧人称谓的尊贵。同时这些词中含有 ตา(外祖父)、ปู่(祖父)、พ่อ(父亲)、พี่(哥哥)等亲属词,显示了人们对僧人的亲切程度。第五等级是อาจารย์,是对看不出年纪也不知道其修行级别的僧人的统称。อาจารย์有"老师"之意。僧人通晓经文被认为是有知识有水平的人,在泰国现代教育普及前,人们都在佛寺学习文化知识,佛寺承担着学校的教育功能,僧人承担着老师的角色,所以在不知道如何称呼僧侣的情况下,为了礼貌起见可以称呼为อาจารย์(老师)。

  其次是与僧侣交流时使用的专门词汇。在泰国,僧侣之间以及普通人与僧侣之间交流时不能使用平常世俗使用的词语,而应该使用专门的佛教词汇。泰国人崇尚佛教,在各种重要庆典仪式,包括新家落成仪式、结婚仪式、丧葬仪式等都会请僧侣来主持,人们在仪式上与僧侣交谈时要用佛教词汇,否则会被认为是对僧侣的不尊敬。下面列举一些日常生活中较常见的此类词汇[①]。

表2　部分世俗词汇与佛教词汇对照

词义	世俗词汇	佛教词汇
皮肤	ผิวหนัง	พระฉวี
头发	ผม	พระเกศา
牙齿	ฟัน	พระทนต์
食物	อาหาร	ภัตตาหาร
念经	สวดมนต์	เจริญพระพุทธมนต์

[①] 李红华:《泰语语言禁忌研究》,2012年广西民族大学硕士毕业论文,第17—18页。

续表

词义	世俗词汇	佛教词汇
信件	จดหมาย	ลิขิต
进食	กิน	ฉัน/รับประทาน
睡觉	นอน	จำวัด
洗澡	อาบน้ำ	สรงน้ำ
金钱	เงิน	ปัจจัย
僧舍	ที่อยู่	กุฏิ
座椅	ที่นั่ง	อาสนะ
抱病	ป่วย	อาพาธ
圆寂	ตาย	มรณภาพ

从表中可见世俗词汇和僧人专用词汇截然不同，相互独立。人们在日常生活中不能使用这些词汇。

2. 王室用语

泰语中有一套专门的王室词汇系统，从王室成员的尊称到王室成员日常生活使用的一些基本词汇，都有一种特殊的适合王室成员使用的词汇，区别于世俗用语，即王室用语，又称为宫廷语。王室用语在泰语中被称为ราชาศัพท์（/ra:^{33} cha:^{33}sap^{22}/），从字面上可以理解为"君王使用的词语"。王室用语的历史可以追溯到素可泰王朝时期，国王为了利用佛教思想强化王权，就将僧侣之间交谈使用的佛教用语应用于宫廷之中，称之为宫廷语。因此，王室用语中的很多词汇直接取自梵文和巴利文。现常用在与王室成员的交谈或书面文件上，在广播报道或宣传刊物上提到王室重要成员时也使用这类语言。

泰国的历代封建统治和佛教是结合在一起的。从素可泰王朝、阿瑜陀耶王朝直到曼谷王朝，糅合了婆罗门教思想的佛教把国王描述成神王、法王，国王与天神、佛是一体的，形成了以国王为权力顶峰的世俗官僚等级体制。依据佛教以须弥山为宇宙中心的宇宙观，泰国政体也形成类似的天体政体：以国王为中心，形成王室、贵族、平民、奴隶依次排列的同心圆，权力由里向外辐射。① 可以说佛教赋予了国王神圣的地位。1932年以后泰国实行君主立宪制，一方面保存了国家与佛教的传统象征关系，国王仍是民族和宗教的象征；另一方面，泰国宪法规定"国王是佛教的信徒和最高维护者"，"国王处于至高无上和备受尊敬的地位，任何人不得侵犯，任何人不得对国王作任何指控"，"国王是泰国的最高统帅"②。因此，佛教和国王统治在很大程度上是相辅相成的。由于国王统治与佛教的这种密切关系，王室用语不可避免地受到佛教语言的影响。例如对国王、王后的尊称。对国王的尊称有**พระราชา**（大帝）、**พระเจ้าอยู่หัว**（头顶之王）、**พระเจ้าแผ่นดิน**（国土的主人）、**พระมหากษัตริย์**（伟大的刹帝利）等，现任泰国国王拉玛九世"**ภูมิพลอดุลยเดช**"（汉语音译为普密蓬·阿杜德）的尊称是**พระบาทสมเด็จพระเจ้าอยู่หัวภูมิพลอดุลยเดช**（普密蓬·阿杜德神圣国王）和**พระบาทสมเด็จพระปรมินทรมหาภูมิพลอดุลยเดช**（普密蓬·阿杜德天神国王）。王后的尊称是**พระนางเจ้า**，拉玛九世国王的王后本名是"**สิริกิติ์พระบรมราชินีนาถ**"（汉语音译为诗丽吉·帕波隆拉栖妮娜），其尊称为**สมเด็จพระนางเจ้าสิริกิติ์พระบรมราชินีนาถ**（诗丽吉·帕波隆拉栖妮娜皇后殿下）。在国王和王

---

① 宁平：《佛教在泰国政治现代化进程中的影响》，《当代亚太》1997年第2期，第76页。
② 朱振明：《当代泰国》，四川人民出版社，1993年，第323页。

后的尊称中都带有"พระ"（phra）和"สมเด็จ"（som det）两个词，它们都是佛教用语，源自梵文。"สมเด็จ"是指最高级别的僧人——僧王，用作王室用语是表示对皇族长辈的尊称。"พระ"是一个前缀，是敬语，意为"神圣、崇高"，通常放在跟佛教和皇室有关的词语前，比如พระตถาคต（佛陀）、พระธิดา（公主）、พระที่นั่ง（王座）、พระบาท（王室人的脚）等。王室成员日常生活使用的基本词汇以佛教用语"พระ"作前缀构成的有很多，如下列表3所示。

表3 部分王室词汇与民众词汇对照

亲属称谓语		
词义	民众词汇	王室词汇
爷爷/祖父	ปู่/ตา	พระอัยกา
奶奶/外婆	ย่า/ยาย	พระอัยยิกา/พระอัยกี
父亲	พ่อ	พระชนก、พระบิดา
母亲	แม่	พระชนนี、พระมารดา
哥哥	พี่ชาย	พระเชษฐา、พระเชษฐภาตา
妹妹	น้องสาว	พระราชธิดา、พระธิดา
人体名称		
词义	民众词汇	王室词汇
头	หัว(พระมหากษัตริย์)	พระเจ้า
额头	หน้าผาก	พระนลาฏ
眉毛	ขนระหว่างคิ้ว	พระอุณาโลม
鼻子	จมูก	พระนาสา、พระนาสิก
嘴	ปาก	พระโอษฐ์
耳朵	หู	พระกรรณ
眼睛	ดวงตา	พระเนตร

生活用品类名词		
词义	民众词汇	王室词汇
药	ยา	พระโอสถ
玻璃/镜子	กระจก	พระฉาย
耳环	ตุ้มหู	พระกุณฑล
门	ประตู	พระทวาร
床垫	ฟูก	พระบรรจถรณ์
被子	ผ้าห่มนอน	ผ้าคลุมบรรทม
水	น้ำ	พระสุธารส

从王室成员的尊称到王室日常词汇都显现出佛教语言对王室用语的影响，佛教和王室有着密不可分的依存关系。

3. 世俗用语

佛教渗透到了泰国人生活的各个领域，佛教文化在泰国社会生活中如影随形，无处不在。上至国王登基大典、国家重要节庆，下至官员走马上任、百姓婚丧嫁娶、开业乔迁、升学就业、求医问卜，泰国人大都要延僧诵经、礼佛拜神。因此，人们的社会交际语言中就充满了与佛教有关的词语，这些词语大部分来自梵巴语。下以泰国人的姓名、祝愿语、委婉语和谚语为例加以说明。

（1）姓名。古代泰国人的名字，不论是王公贵族还是平民百姓都使用纯泰语，短小精悍。但是在开始使用梵巴文词汇之后，泰国人的名字就开始逐渐复杂起来，音节增多，长度增加。起初，在名字中使用梵巴文还只是统治阶级的专利,但近代之后,特别是1932年民主革命之后,越来越多的平民百姓开始使用梵巴文,尤其在姓上,梵巴文的使用十分普遍和讲究。所以,今天泰国人的姓名普遍都很繁复冗长。① 例如泰国流行歌曲天王Bird Thongchai,Bird是小名,Thongchai是巴利文,即"胜利的旗帜"之意。又如:素梅·单提威衮(Sumet Tantiwetkun)、卡尼塔·伊沙拉南(Khanitthaa Isaraanon)、苏拉萨·萨哈萨满迪(Surasak Sahasakmontrii)、阿蒙·萨拉衮布里拉(Amon Saaraakonbrirak)等。不但泰人的姓氏多采用梵巴语的吉祥词,甚至连宫殿、寺庙、街巷、学校的名称也以梵巴语居多。

(2)祝愿语。由于受佛教信仰的影响,泰国人说祝愿语时常会先提及神、佛然后再接着说具体的祝愿语,如"愿大弘三宝与神圣保佑你,点化让你……"。句中的"大弘三宝",即弘扬佛、法、僧三宝,其中的"佛宝"指圆成佛道的本师释迦牟尼。"佛、法、僧"三宝是信仰佛教的泰国人的心理依靠,因此在遇到困难、心理不安或者祝福他人时,泰国人就将"佛、法、僧"作为心理依靠,向神圣祈祷。例如新年祝福,"在新的一年里,愿大弘三宝与神圣保佑你,点化你,让你终生幸福、万事兴旺"。又如对老人的寿辰祝福,"愿大弘三宝与神圣点化让爷爷身体健康、长寿,长长久久做子孙的菩提树、榕树的树荫②"等。

---

① 金勇:《泰国人的姓名及其民族语言特点》,云南民族学会傣学研究委员会编:《傣族文化研究论文集》(第二集),云南民族出版社,2007年,第207页。
② 泰国人把菩提树和榕树作为长寿的象征。菩提树、榕树的树荫是比喻能庇护他人的人。

（3）委婉语。研究委婉语的专家尼曼和西尔弗（Neaman, et al., 1990:1）指出，"委婉语的最早主题无疑是宗教性的"。[①] 在泰国，对委婉语影响最大的宗教因素莫过于佛教。以泰语中的死亡委婉语为例，如：**เรียบร้อย**（完善）、**ไปดี**（走好）体现的是佛教善人死后会升入西方极乐世界的教义，而**กลับบ้านเก่า**（回老家了）、**ลาโลก**（离开人世）体现的是佛教前世、今生和来世因果轮回等教义。泰国佛教讲究的是功德，功德就是有一定的期限，从关于死的委婉语可以看出，如 **พ้นทุกข์**（解脱了）、**ถึงแก่กรรม**（到期限）、**ล่วงลับ**（到最后了）、**หมดวาสนา**（福气完了）、**หมดเวรหมดกรรม**（功德都完了）、**สิ้นบุญ**（功德耗尽）、**สิ้นอายุขัย**（生命耗尽）、**สิ้นใจ/สิ้นลม**（最后一口气）、**สิ้นชีวิต**（耗完生命）、**เสียชีวิต**（损坏生命）、**สิ้น**（消耗完）、**พักผ่อน**（休息）、**เสียแล้ว**（失去了）等，生命有一定的期限，在这个期限内是受苦受难的过程，而一旦把这个过程消耗完，生命也就终结了，死亡也就成了"休息"和"解脱"。还有女性生殖器的委婉语，如 **เนินวาสนา**（福气德行的山丘）、**เนินสวรรค์**（天堂的山丘）等，也体现了佛教的影响。[②]

（4）谚语。谚语能反映出一个民族的宗教信仰。泰语中有许多反映佛教思想的谚语，如：**ทำดีได้ดี ทำชั่วได้ชั่ว**（善有善报，恶有恶报）、**รักดีหามจั่ว รักชั่วหามเสา**（学好做轻活，不学好做重活，即种善因得善果，种恶因得恶果）等反映了佛教的因果报应观念；**แพ้เป็นพระ ชนะเป็นมาร**（输是佛，赢是恶魔）、**สวรรค์อยู่ในอก นรกอยู่ในใจ**（因行善

[①] 李国南：《委婉语与宗教》，《福建外语》2000年第3期，第1页。
[②] 李红华：《泰语语言禁忌研究》，2012年广西民族大学硕士毕业论文，第40—41页。

心情好得仿佛在天堂，因作恶心情坏得就像在地狱）、หวานอมขมกลืน（含着甜，吞下苦）等反映了佛教劝导世人遏制欲望、凡事忍耐、安于现实、行善积德的教义。

通过上述分析，我们可以发现与佛教有关的词汇在泰语中俯拾即是，说明佛教在泰人生活中占有绝对重要的地位。而泰语词汇吸收佛教语言的方式可以总结为以下几类。

1. 直接吸收梵巴文佛教词语，如：泰语"โพธิ"（phothi，菩提）为梵语"Bodhi"的音译；"โยคะ"（yokha，瑜伽）为梵语"yoga"的音译；"พระ"（phra，神圣、佛）为梵语"wara"的音译等。

2. "梵+泰"的偏正式。在采用来源于外国的词汇于泰语之中时，泰人往往运用构成"同义对仗"法(Synonymous Couplets)，也即将新采用的外国词与泰国的一些意义相近的词并列起来表达一个意思。①

如：泰语"ทรัพย์สิน"（sap sin）是"财产"的意思，该词中"ทรัพย์"（sap）是梵语，是"财富"的意思，而"สิน"(sin)则是泰语，是"金钱"的意思。"รูปร่าง"(rup rang)是"特征"、"形状"的意思。该词中"รูป"（rup）的梵巴语的形式是"rupa"，而"ร่าง"（rang）则是泰语，是"结构"、"形式"的意思。

总之，泰语吸收了许多佛教语言梵巴语词汇，与泰语词汇配合在日常用语和各学科文化用语中使用，不仅极大地丰富了本身词汇对各种不同含义和概念的表达力，而且实际上使它以梵巴语为材料创造出了大量的新词来适应新时代的需要。梵巴语不仅在过去对泰语有重大影响，今

---

① ［泰］披耶阿努曼拉查东著，马宁译：《泰国传统文化与民俗》，中山大学出版社，1987年，第69页。

后对泰语语言的发展仍会有很重要的作用，它是今天泰语创造新词的依据和源泉。

"语言创造了宗教，宗教发展了语言"。综上所述可见，随着佛教传入泰国并发展成为主导教派，佛教对泰语的形成和发展产生了重要的影响。

印尼语的谓语研究

广西民族大学国际教育学院　杨君楚

【内容提要】谓语在印尼语中是句子的重要成分，是构成句子的必要成分。本文对印尼语的谓语部分进行研究，对谓语部分相关的中文与印尼文的互译进行探讨。在语言理解和翻译技巧结合的情况下，减少中国学生学习印尼语时对部分知识的困惑，帮助提高印尼语翻译水平和语言运用水平。

【关键词】印尼语　谓语　翻译

与其他语言一样，谓语在印尼语中同样是句子的重要成分，是构成句子的必要成分。对谓语部分更深刻的理解有助于加强我们对句子的理解。长句翻译的关键在于分清句子的主干，即主语和谓语所在。印尼语和中文的谓语分析的差别决定了谓语部分相关的互译中有些应"加词"，有些应"减词"。翻译不能独立于语言理解之外。为此，有必要对印尼语的谓语部分进行分析和研究，以期减少中国学生学习印尼语时的困惑，减少母语对学习印尼语的影响，更好地形成印尼语思维，提高翻译水平和印尼语整体水平。

一、印尼语句子的理解

句法学简单地可以理解为研究词或词组如何组成句子的语言学下的一个分支学科。① 关于词在句中的理解，可以基于以下三个角度：1）句法范畴（Syntactic Category, Kategori Sintaksis，以下简写为K）；2）句法功能（Syntactic Function, Fungsi Sintaksis, 以下简写为F）；3）语义角色（Semantic Role, Peran Semantik, 以下简写为P）。

1. 印尼语中的句法范畴主要有四类：a. 动词（verba）；b. 名词（nomina）；c. 形容词（adjektiva）；d. 副词或修饰词（adverbia）。除此之外，另外有一类叫任务词或虚词（kata tugas），其中又可以分为介词（preposisi），连词（konjungtor）和其他品词（partikel）。

2. 在句子中，每个词或短语都与其他词和短语在该句子中有联系（功能）。这种联系（功能）与句法有关，即与句中词和短语的排序有关。印尼语中的句法功能主要分为主语（subjek），谓语（predikat），宾语（objek），补语（pelengkap）和状语（修饰语, keterangan）。除此之外，还有定语，并列语等。

3. 词在句中有一定的语义角色，印尼语中的语义角色可以分为施事者（pelaku），动作（perbuatan），受事者（sasaran）和经历者（pengalam）等。②

---

① Harimurti Kridalaksana, *Kamus Linguistik Edisi Keempat*, Jakarta: Penerbit PT Gramedia Pustaka Utama, 2008, p.223.

② Hasan Alwi, Soenjono, Hans Lapoliwa and Anton, *Tata Bahasa Baku Bahasa Indonesia*, Jakarta: Balai Pustaka, 2003, pp.35-39.

所以，一个词在句中可以从句法范畴，句法功能和语义角色三个角度去分析。

例如，

（1）

Farida	menunggui	adiknya
句法范畴　句法功能　语义角色	句法范畴　句法功能　语义角色	句法范畴　句法功能　语义角色
名词，主语，施事者	动词，谓语，行为	名词，宾语，受事者
K　　F　　P	K　　F　　P	K　　F　　P
Nomina, Subjek, Pelaku	Verba, Predikat, Perbuatan	Nomina, Objek, Sasaran

二、印尼语的基本句型

印尼语的基本句型有以下特征：

1. 主语在整句的开头位置；

2. 句中各要素都是简要的；

3. 是肯定句；

4. 语调为陈述语调；

5. 句子结构是一般的排列结构。[①]

印尼语言学家Samsuri（1985）从句法范畴的角度将印尼语的基本句型分为5类：

---

① Markhamah and Atiqa, *Sintaksis*, vol.2, Surakarta: Muhammadiyah University Press, 2010, p.19.

表1　基于句法范畴的印尼语基本句型

1. Pola I: FN1 + FN2 句型 I：名词短语 + 名词短语 例如： Saya　　mahasiswa. 　　　 我　　　大学生
2. Pola II: FN + FV 句型 II：名词短语 + 动词短语 　　　 Mereka　　datang. 　　　 他们　　　来
3. Pola III: FN + FA 句型 III：名词短语 + 形容词短语 　　　 Mereka　　senang. 　　　 他们　　　高兴
4. Pola IV: FN + F. Num, dan 句型 IV：名词短语 + 数词短语 　　　 Pendatangnya　beribu-ribu orang. 　　　 来者　　　　　数千人
5. Pola V: FN + FP 句型 V：名词短语 + 介词短语 　　　 Uang itu　　untuk orang tuanya. 　　　 这钱　　　 给他父母的

从句法功能的角度分析，印尼语的基本句型可归纳如下：

表2　基于句法功能角度的印尼语基本句型

		主语 (S)	谓语 (P)	宾语 (O)	补语 (Pel)	状语 (K)
1	S-P	Saya 我	mahasiswa 大学生			
		Orang itu 那个人	sedang tidur 正在睡觉			
2	S-P-O	Saya 我	menunggui 等	adik 弟弟		
3	S-P-Pel	Saya 我	senang 喜欢		bermain bola 打球	
4	S-P-Ket	Ayah 父亲	bekerja 工作			di sana 在那里
5	S-P-O-Pel	Kakak 哥哥	memberi 给	saya 我	uang 钱	
6	S-P-O-Ket	Adik 弟弟	membeli 买	buku 书		kemarin 昨天

三、基于句法功能的谓语的理解

印尼的许多语言学家对谓语做出了界定或解释。Fokker（1972）认为，谓语是实际陈述的关键。谓语的功能是给出解释。谓语描述了过程、动作、经历、处境、情境变换。Woyowasito（1976）认为谓语可以是四种词性，动词性、形容词性、名词性、介词性，在谓语位置的前面有停顿，是作为对其前面的词语的解释。Soetarno（1979）认为，谓语与主语一样，是句子的关键。谓语是解释性的成分。谓语可以与主语的位置调换。

Kridalaksana（1993）认为，谓语是说话者对于主语的说明，是小句的一个部分。Sudaryanto（1991）认为，谓语成分被认为相比别的成分拥有更大的语义角色。

例如，

（2）Berolahraga itu // *sangat baik untuk kesehatan badan*.

　　运动　　　　　　对于身体健康很好

（3）Kambing itu // *binatang korban*.

　　羊　　　　　祭祀的动物

上述（2）句中"sangat baik untuk kesehatan badan"是对"berolahraga"的解释。"binatang korban"是对"kambing itu"的解释。这两者在各自句中分别处于谓语成分。itu是谓语前停顿的标志之一。

四、印尼语中谓语的特点

1. 谓语的外在形式的特点

印尼语中谓语的外在形式可以从两个平面去观察。第一个平面是从词法或构词学的角度看，谓语可以是词根词，即单词素的词；也可以是有词缀的词，即多词素的词。印尼语中的词缀十分丰富，词缀和词的重叠都有很大的构型能力。

例如，

（4）Pertunjukan wayang kulit semalam // *baik*.

   昨天晚上的哇扬皮影戏表演　　好

（5）Dia // *sedang memperbaiki* mobil.

   他　正在　　修理　　汽车

（6）Saya // *datang* dari China.

   我　　来　自　中国

（7）Alat-alat pabrik itu // *didatangkan* dari Jerman.

   那个工厂的工具　　被运来　　从德国

上述（4）句中，谓语是"baik"，是词根词，是单词素的词，不能再拆分，是形容词，"好的"的意思。（5）句中，谓语"memperbaiki"的词根为"baik"，加上词缀memper-i. 词缀memper-i表示"致使"的含义，"致使宾语带有词根本身的含义"，在本句中即"使汽车变好"，当宾语是物品时经常翻译为"修理"，当宾语是"地位（kedudukan）"时也可翻译为"改善"。所以（4）句中的谓语是词根词，单词素词；（5）句中的谓语是有词缀的词，是多词素词。

（6）句中，"datang"是词根词，是单词素词，是简单不及物动词，意思是"来"。（7）句中，谓语位置的"didatangkan"是多词素的词，是datang词根加me-kan词缀后又变被动成为di-kan，词缀me-kan表示"致使"，"致使宾语带有词根本身的含义"。在本句中，由于主语是"工具"，"didatangkan"（"使……来"）即翻译为"运来"。所以（6）句中的谓语是词根词，单词素词；（7）句中的谓语是有词缀的词，是多词素词。

第二个平面是从句法学的平面看，谓语可以是词组（frasa）。词组在句法学中是由两个或以上的单词组成的，不构成主谓结构的结构。

例如，

（8）Hal itu // *dapat diterangkan* oleh teman-temannya.

　　　这件事　　能解释　　　　　被他的朋友们

（9）Tindakan orang-orang di kampung itu // *sangat menguntungkan*

　　　　　　那个村里人们的行为　　　　　　　非常有利于

para pejabat desa.

村里的领导们

上述（8）句中，"dapat diterangkan"是谓语，由两个词组成，且不构成主谓结构，所以"dapat diterangkan"是短语。同样地，（9）句中的"*sangat menguntungkan*"也是短语。

2. 印尼语中的adalah, ialah, merupakan

如表1和表2所示，印尼语中的谓语可以直接是名词或名词结构，系词常常省略。

例如，

（10）Saya // mahasiswa.

　　　　我　　大学生

翻译为：我是大学生。

（11）Buku baru ini // buku saya.

　　　　这新书　　　我的书

翻译为：这本新书是我的。

（12）Ini // siapa?

　　　　这　　谁

翻译为：这是谁？

从以上（10）、（11）、（12）句以及前面印尼语基本句型的分类可以看出，印尼语中不一定要接系词"是"，"是"往往省略。主语可以是名词或名词结构，谓语可以直接接上名词或名词结构，而不需加"是"。

印尼语中的adalah, ialah, 和merupakan 三个词都翻译成"是"，但是这些词与英语的系动词即be动词及smell, sound, taste, feel等，并把其后所接的结构理解成表语，把这一种"主语+系词+表语"作为一种基本句型，是不一样的。

黄琛芳主编的北京大学东方语言文学系教材《印度尼西亚语基础教程I》中写道，"adalah是系词，起联系主语和谓语的作用，相当于汉语的'是'。印度尼西亚语的判断句中，可以用adalah，也可以不用，但表示肯定、强调时，一般要用adalah，这与汉语不同。"例如：

  Itu meja. 那是桌子。

  Itu adalah meja. 那（确实）是桌子。

  Lapangan skats itu telaga. 那溜冰场是个湖。

  Lapangan skats itu adalah telaga. 那溜冰场是个湖（不是人工冰场）。[①]

  朱刚琴和杨安华编著的教材《基础印度尼西亚语（2）》中写道："印尼语的联系动词有：adalah, ialah, menjadi, merupakan和berarti等词。它们在句中的作用是联系主语和表语，联系动词和表语构成谓语，表示主语是什么人、什么事情或是对主语进行描写，说明主语是什么样的。"

例如：

  Saya adalah guru. 我是老师。

  Guru yang sedang berbicara itu ialah guru adik saya.

讲话的那位是我弟弟的老师。

  Adiknya ingin menjadi dokter. 他弟弟想当医生。

  Guangdong adalah/merupakan/menjadi salah satu provinsi yang paling maju di daratan Tiongkok.

广东是中国大陆最发达的省份之一。

  Kata-katanya itu berarti dia tidak mau bekerja sama dengan kami.

他那些话表示他不想跟我们合作。[②]

[①] 黄琛芳：《印度尼西亚语基础教程》，北京大学出版社，1990年，第117页。

[②] 朱刚琴、杨安华：《基础印度尼西亚语》，广州世界图书出版社，2010年，第209—211页。

从上述教材表述中的"他们在句中的作用是联系主语和表语，联系动词和表语构成谓语"可以看出，《基础印度尼西亚语》教材中将adalah、ialah、menjadi、merupakan和berarti等词划分为系词，虽然提出"系词"和"表语"的说法，但是在句子成分上或说是句法功能上依然只分为"主语+谓语"结构，将联系动词和其后的表语一起划分为谓语，而不是采用英语中的"主语+系词+表语"的句法功能分析。即，

Saya // adalah guru.
我　　　是老师
主语　　谓语

笔者同意上述看法。印尼语中的adalah, ialah和merupakan等词与英语概念中的系词（link verb）不同。"主语+系词+表语"的结构在英语的基本句式中有的分析为"主语+动词+名词"的基本结构，或"主语+动词+主语补足语（Subject-Verb-Noun; Subject-Verb-Subject complement）。有术语"系动词"（link verb）和"表语"（Predicative; Predicative expression），而查找印尼语原文的语法书或语言学的书籍中未找到这两个词的相应的术语。adalah, ialah和merupakan在印尼语大词典中的词性标注为动词。基本句型中也没有单独把有系词的句子列为一类。这与印尼语中系词经常省略的特点有关。所以，在句子划分上，笔者同意上述将联系动词和其后的表语一起划分为谓语的划分方式。

印尼文原文书《句法学2》（*Sintaksis 2*）中关于谓语部分及adalah, ialah和merupaka的描述如下，

"谓语的其他特点是可能有其他词并列。谓语是名词或名词短语的，如果有ialah, adalah, merupakan并列时，更起强调作用。这些作为伴随的词语放在谓语之前。这样，ialah, adalah, 和merupakan可以成为主语和谓语之间分隔的标志。

当句子的主语较短，并且主语和谓语之间的分隔较清晰时，可以不用adalah, ialah和merupakan。下面例句中的（a）和（b）句使用了adalah，而（a1）和（b1）不使用adalah。尽管没有使用adalah，（a1）和（b1）句的含义已经清晰。

（a）jumlah pekerja pabrik itu // *adalah seratus orang*.

（a1）junlah pekerja pabrik itu // *seratus orang*.

（这个工厂的员工是100人。）

（b）linguistik // *adalah ilmu yang mempelajari bahasa.*

（b1）linguistik // *ilmu yang mempelajari bahasa.*

（b2）linguistik // *merupakan ilmu yang mempelajari bahasa.*[①]

（语言学是研究语言的学科。）

从以上表述可以看出，这与国内两本印尼语教材的看法是一致的。都是认为adalah, ialah 和merupakan是强调的作用。观察例句中的划分符号也可以看出是将adalah, ialah 和merupakan后接的成分一起划分为谓语。也就是可以理解为，adalah, ialah 和merupakan只是加在谓语上的表示强调的，使主谓之间的分隔更清晰的词，所以理应的adalah, ialah 和merupakan与其后接的成为一起划分为谓语。

[①] Markhamah and Atiqa, *Sintaksis*, vol.2, Surakarta: Muhammadiyah University Press, 2010, p.107.

有了以上对印尼语系词及其相关句子成分的划分的认识，学习印尼语的学生处理印尼文翻译成中文的句子，当主语和谓语都是名词或名词结构，都能较流畅地"加词"，在主语和谓语之间加词"是"。

例如， 印尼语译成汉语时，

Saya // mahasiswa.

我　　大学生　　　"加词"　————→　我是大学生。

而反之，在处理中文翻译成印尼文的句子中比较容易出现的错误是，在句子较短句意清晰的情况下依然保留系词，这样翻译出来的句子虽不能说是错误的，也是不地道的。

例如， 汉语译成印尼语时，

我　是　大学生。

Saya adalah mahasiswa. 观察，思考，若句意清晰，若无需表示强调"减词"————→ Saya mahasiswa.

3. 谓语的位置可以调换，形成倒装句

印尼语中谓语的位置可以与主语的位置调换。但是要注意的是，如果谓语是及物动词，后跟有宾语的，那么谓语要连着宾语一起与主语位置调换；或是，谓语后接补语的，谓语部分要连着补语部分一起与主语位置调换，因为补语是对谓语部分的补充说明，与其有密切联系。

例如，

（13） <u>Tindakan orang-orang di kampung itu</u> // *sangat menguntungkan*
　　　　　　　　① 　　　　　　　　　　　　　　　　　②
　　　　　那个村里人们的行为　　　　　　　　　　非常有利于

<u>para pejabat desa.</u>
　　③
村里的领导们

上述（13）句中，位置①为主语，②为谓语，③为宾语。所以谓语要与主语调换位置的话要与连着宾语一起与主语调换位置，即②和③一起与①调换位置。变成，

（13a） *Sangat menguntungkan* para pejabat desa // tindakan orang-
　　　　　　②　　　　　　　　　③
　　　　非常有利于　　　　　村里的领导们

<u>orang di kampung</u> *itu*.
　　①
那个村里人们的行为

将谓语调换至句首表示强调谓语。其他的以形容词做谓语的或动词做谓语的句子的倒装可以简单地只把谓语部分提前。

例如，

（14） <u>Tas ini</u> // *basgus sekali!*
　　　　　①　　　　②
　　　　这个包　　真好看

（14a） Bagus sekali // *tas ini!*
　　　　　② 　　　　①
　　　　真好看　　这个包

（15） Dia // *belum datang.*
　　　　① 　　　　②
　　　　他　　还没来

（15a） *Belum datang* // dia.
　　　　② 　　　　①
　　　　还没来　　他

这样的句子的翻译，在印尼语译成汉语时一般还应该译成正常的"主语+谓语"的语序。汉语中的倒装句主要存在于口语会话中，所以如果翻译的语境是日常会话或是可以用口语风格的语境，就可以翻译成倒装句。反之，汉语译成印尼语时，也要根据语境来决定是否倒装。

例如，印尼语译成汉语

（14a） Bagus sekali // tas ini!
　　　　真好看　　这个包 ——▶ 这个包真好看。（一般情况下）
真好看呀，这个包！（日常会话中或可以用口语风格的语境中）

4. 简单句中谓语可以是动词

简单句只有一个主谓结构，即只有一个小句。简单句也可能有时间状语、地点状语等。

我们对于谓语的认识，最通常的印象为谓语动词。印尼语中动词做谓语的句子可以根据其动词的性质进一步分为不及物句、单个宾语及物句和双及物句。

4.1 不及物句中，其谓语为不及物动词

不及物句没有宾语或补语，必要成分只有主语和谓语，一般都是"主语—谓语"的排列顺序。能充当这一类句子的谓语的词仅限不及物动词，或不及物动词词组。当然，这种没有宾语和补语的简单句依然可以有表示地点、时间、方式、工具等的修饰语（状语）。

例如，

（16）Ibu // *sedang berbelanja*.

　　　母亲　　正在购物

（17）Kami (biasanya) // *berenang* (hari Minggu pagi).

　　　我们　（通常）　　游泳　　（星期天早上）

4.2 单宾语及物句，其谓语为单宾语及物动词

单宾语及物句是有宾语，无补语的句子，有三个必要成分，即主语、谓语和宾语。在主动句中，一般都是"主语—谓语—宾语"的排列顺序。其谓语动词是及物动词，且是只可以接单个宾语的及物动词。当然，这种句子依然可以有表示地点、时间、方式、工具等的修饰语（状语）。印尼语中me-, me-i, me-kan, memper-等词缀的词都能构成只能接单个宾语的及物动词。

例如，

（18）Pemerintah // akan *memasok* semua kebutuhan Lebaran.

　　　政府　　　将　供应　所有开斋节需求

（19） Li Na // sudah *membersihkan* rumah (kemarin sore).

　　　丽娜　已经　打扫　　　屋子　昨天下午

4.3 双及物句，其谓语为双及物词

双及物句是句中有及物动词的宾语之外还同时有补语的句子，句中的三要素，即主语，宾语和补语之间联系紧密，且在语义学上体现这三者之间的关系。

例如，

（20a） Ida // sedang *memcari* pekerjaan.

　　　伊达　正在　找　　工作

（20b） Ida // sedang mencarikan pekerjaan.

　　　伊达　正在　为……（某人）找　工作

（20c） Ida // sedang *mencarikan* adiknya perkerjaan.

　　　伊达　正在　为……找　他的弟弟　工作

（20d） Ida // sedang mencarikan pekerjaan untuk adiknya.

　　　伊达　正在　为……找　工作　为他弟弟

上述（20a）句中，mencari是单宾语词，只能接一个宾语，本句中即perkerjaan，所以可以看得出来，（20a）句中需要找工作的是伊达。（20b）和（20c）句中的mencarikan是双及物词，意为"为……（某人）找"。所以（20b）句看上去虽然找工作的是伊达，但是似乎不是给她自己找工作，但是为谁找的没有写出来；或是（23b）句应理解为句子不完整，语法不规范。（20c）句中，明显看得出来，是为他的弟弟找工作。这两个名词adiknya和perkerjaan的句法功能分别是宾语和补语。

这时，宾语从语义角色上看是施益体/受益格。这样的双及物句经常表示"为动"的含义，"为……（人）做……事"。

mencarikan是双及物词，如果写成例句（20d），我们认为，是隐藏了宾语，宾语通过介词短语"untuk adiknya"接上，即如果要将这句话变成被动句，perkerjaan不能当成原句的宾语或被动句的主语。这样结构的句子也可以表示"为动"的含义。

4.4 谓语为半及物词的句子

动词做谓语的句子的细分是根据其谓语动词的类别，除上述的不及物词，单个宾语及物词和双及物词之外，还有一类叫半及物动词。半及物词是既可以做及物动词，也可以做不及物动词的，这样的词语做谓语构成的句子一般不称为半及物句。而是在具体的单个句子的分析中，按该句谓语的情况具体分析为及物句或不及物句。

例如，

（21a） Dia // sedang *membaca*.

　　　　他　 正在　 阅读

（21b） Dia // sedang *membaca* majalah.

　　　　他　 正在　 阅读　 杂志

（22a） Pak Saleh // *mengajar*.

　　　　沙勒先生　 教（书）

（22b） Pak Saleh // *mengajar* anaknya.

　　　　沙勒先生　 教　 他的小孩

上述例句中的menbaca, mengajar都属于半及物动词，其后可以不接任何成分，这时属于不及物句，如（21a）和（22a）；也可以后接一个宾语，这时属于单个宾语及物句，如（21b）和（22b）。

4.5 小结

动词做谓语的简单句的翻译中，根据谓语动词原本的类型不及物句、单个宾语及物句和双及物句。动词做谓语的句子的翻译中，印尼语译成汉语时不常出现由于母语影响产生的错误；汉语译成印尼语时要注意谓语动词的选取。

5. 简单句中谓语可以是名词

印尼语中句子的谓语可以是名词（包括代词）或名词词组，而不必先接系词，也不必先接程度副词才显得符合习惯用法或语感。两个并排的名词或名词词组可以构成句子，只要满足主谓结构的条件。

例如，

（23a） Buku cetakan Bandung itu…

　　　　那个万隆版本的书

（23b） Buku itu // *cetakan Bandung*.

　　　　那本书　　万隆版本

翻译为：那本书是万隆版本的。

（24a） Dia // *guru saya*.

　　　　他　我的老师

翻译为：他是我的老师。

（24b） Dialah // *guru saya*.

　　　　他（就是他）　我的老师

翻译为：他（就）是我的老师。

上述例句中，（23a）是短语，是以buku为中心词的定语后置构成的短语，不满足主谓结构的条件，不是句子。itu经常作为较明显的主谓分隔词，如（23b）。语气强调词lah加在主语后面连写，也经常作为主谓分隔的标志，如（24b）。

当主语或谓语是较长的名词短语，或主语和谓语都比较长时，可以在谓语前加上adalah，作为主谓分隔的标志，如前文所述。

例如，

（25）Pemberhentian seorang karyawan // *adalah masalah biasa*.

　　　　　　解雇一个员工　　　　　　　是平常的事

（26）Ini // *adalah masalah keluarga mereka sendiri*.

　　　　这　　　是他们自己家的事

（27）Pernyataan Menteri Luar Negeri itu // *adalah pernyataan untuk konsumsi luar*.

　　　　　　外交部长的声明　　　　　　是针对外国消费者的声明

名词做谓语的简单句的翻译中，除了前文中所述的要"加词"和"减词"外，印尼文译成汉语时，没有系词的句子中要注意先划分好主语和谓语，先翻译好主语部分的名词结构和谓语部分的名词结构，再用系词"是"把两者联系起来，整理好。

6. 简单句中谓语可以是形容词

印尼语中的系词通常省略。形容词或形容词词组也可以直接做谓语，形容词单独做谓语在印尼语中是自由的，是自由造句原则。而在汉语中，一般认为，状态形容词可以自由地做谓语，性质形容词做谓语大多要加标记，通常的标记有程度副词、"是"和"的"。[①]

例如，

（28）Dia // *sakit*.

　　　他　病，处于生病状态

可以/可能翻译为：他病了。

（29）Dia // *cantik*.

　　　她　漂亮

可以 / 可能翻译为：（她漂亮。）

　　　　　　　　　她很漂亮。

　　　　　　　　　她挺漂亮的。

（30）Ibu Anda // *cantik*.

　　　你的母亲　漂亮

可以 / 可能翻译为：（你母亲漂亮。）

　　　　　　　　　你母亲真漂亮。

　　　　　　　　　你母亲挺漂亮的。

---

① 张柏江：《现代汉语形容词做谓语问题》，《世界汉语教学》2011年第1期，第3页。

（31）Ibu Anda // *cantik dan langsing*.

　　　　你的母亲　　漂亮　和　　苗条

可以／可能翻译为：你母亲漂亮又苗条。

　　　　　　　　你母亲真漂亮，真苗条。

（32）Pernyataan orang itu // *benar*.

　　　他的表述　　　　　对的，正确的

翻译为：他的表述是正确的

从上述例句及其翻译中可以看出，中文里形容词做谓语的句子中，如（28）句中的状态形容词，是可以自由地做谓语的。"Wetzer（1996）提出，从类型学的观点看，有的语言形容词是名词性的（nouny），有的语言形容词是动词性的（verby）。Wetzer 把汉语普通话归为动词性形容词的语言。"①（28）句的中文翻译要加上"了"字才自然，正是汉语的形容词动词性的体现。

而（29），（30），（31），（32）句的汉语翻译都是性质形容词做谓语，都加上了标记。汉语中，性质形容词单独做谓语的，如果前边加上了"很"（或相似意义的程度副词），句子就自然了。汉语语法学界对于性质形容词的定义，性质形容词做谓语是否自由，是否依赖语法标记，做谓语是不是汉语形容词的主要功能等这样的问题，存在不同看法。而根据笔者手头上所掌握的资料，印尼语语法中并没有这些争论。无论状态形容词还是性质形容词在印尼语中都可以自由地做谓语。

---

① 张柏江：《现代汉语形容词做谓语问题》，《世界汉语教学》2011年第1期，第6页。

形容词做谓语的简单句的翻译中，印尼语译成汉语时，要注意"加词"，一般加上程度副词、"是"、"的"才显得自然。汉语译成印尼语时，形容词可以自由地做谓语，无须加其他成分。

7. 简单句中的谓语可以是数词

印尼语中谓语可以直接是数词或数词短语，包括不定数词。
例如，

（33）Istrinya // *dua (orang).*

　　　他的妻子　两（人）

翻译为：他有两位妻子。

（34）Lebar sungai itu // *lebih dari dua ratus meter.*

　　　那河的宽　　　超过两百米

翻译为：那条河的宽度超过两百米。

（35）Anaknya // *banyak.*

　　　他的孩子　　多

翻译为：他的孩子很多。

（36）Uangnya // *hanya sedikit.*

　　　她的钱　　只有一点

翻译为：她的钱不多。

笔者认为，印尼语中的数词或数词短语含有名词性，所以印尼语的数词或数词短语做谓语的句子译成汉语时，类似印尼语中名词做谓语的情况，在译成汉语时要"加词""是"，或有时如（33），翻译成动词做谓语的句子，加上合适的动词再加量词。banyak, sedikit其词性除了是不定数词还可以是形容词，特别是sedikit，其形容词特征更明显。所以banyak, sedikit等做谓语时，译成汉语时与形容词做谓语的情况类似，要"加词"，加上程度副词、"是"、"的"才显得自然。

8. 简单句中的谓语可以是介词短语

印尼语中的谓语可以是介词短语。

例如，

（37）Ibu // *sedang ke pasar*.

　　　母亲　　正　　去市场

（38）Ayah // *di dalam kamar*.

　　　父亲　　　在房间里

（39）Kamar ini // *untuk tamu*.

　　　这个房间　　　给客人

翻译为：这个房间是给客人的。

（40）Ayahnya // *dari Jawa*.

　　　他的父亲　　来自爪哇

（41）Cirebon // *di antara Jakarta dan Semarang*.

　　　井里汶　　　在雅加达和三宝垄之间

（42）Cirebon // *terletak di antara Jakarta dan Semarang*.

　　　井里汶　　坐落　　在雅加达和三宝垄之间

介词短语做谓语的句子可以理解为原本是"主语—谓语—修饰语"

的句式中省略了谓语动词,如(41)可以理解为(42)句省略了动词,但其句法功能固然是不同的。

当然,不是所有的介词或介词短语都可以直接做谓语,也不是所有的"主语—谓语—修饰语"的句子中都能省略谓语动词。以下(43a)是错误的句子,应写成如(43b)。

例如,

(43a) Ia dengan ibunya.

　　　　他 和他的母亲

(43b) Ia // *pergi* dengan ibunya.

　　　他　去　和他的母亲

翻译为:他和他的母亲一起去。

学习印尼语的学生对于介词做谓语的句子的翻译一般不成问题。"现代汉语中除了少数古已有之的传统介词外,多数介词是在近、现代汉语中从动词虚化而来的,有很多词正处于虚化的过程中,在某些时候还保持着动词的用法。这是学术界公认的事实。"[①] 汉语中的介词本身还保留着一些动词的性状,这使得印尼语介词做谓语的句子翻译成汉语时,有一些直接翻译也很自然,如(37),(38),(40),(41),有些翻译成"是字句"加介词短语,如(39)。

9. 印尼语中有谓语从句

印尼语中有谓语从句的概念,即印尼语中的谓语部分可以由从句代

[①] 侯友兰、沈晓娟:《介词做谓语的再探讨》,《语文知识》2007年第3期,第50页。

替,这样的句子属于主从复句(或称为多层次复句)。多层次复句可以理解为句子原本是单句,单句中的某一成分由小句(句子)代替,形成新的句子。例如被代替的部分为主语,即成为主语从句。而印尼文中存在谓语从句。

例如,

(44) Semangka itu // *murah harganya*.

　　那个西瓜　　它的价格是便宜的

(45) Semangka itu // *harganya murah*.

　　那个西瓜　　它的价格是便宜的

(46) Harga semangka itu // *murah*.

　　那个西瓜的价格　　便宜

上述(44)中,"Semangka itu"为主语,其谓语部分"murah harganya"是小句(句子),是"harganya murah"的倒装,所以,也可以写成如(45),一样是谓语从句。这两个例句都可以翻译为"那个西瓜的价格是便宜的",或"那西瓜的价格便宜"。按照这两个印尼语译成汉语的结果反向思考,也可以把"那西瓜的价格"写成一个名词短语,把"便宜"作为形容词,做谓语,写成单句,于是可以写成如(46)。

谓语从句的翻译,主要是在理解的基础上整理句子。

例如,

(47) Ruang kelas kami // *besar jendelanya*.

　　我们的教室　　它的窗户大

整理后翻译为：我们教室的窗户大。

（48）Mentimun itu // *manis rasanya*.

　　　　那黄瓜　　　它的味道是甜的

整理后翻译为：那黄瓜的味道是甜的。

（49）Rumah itu // *bahannya terbuat dari benda keras*.

　　　　那房子　　　它的材料由硬的物质组成

整理后翻译为：那房子的材料是由硬的物质构成。

将印尼语的谓语从句译成汉语，总体上说应分为以下几步：1）分辨出是谓语从句；2）谓语从句的主语部分一般是名词短语，谓语部分即从句部分的主谓有时倒装，按照这些特点划分好主谓成分；3）先直译为一个名词短语和一个主谓结构小句，再整理成符合中文习惯的句子。

五、结语

汉语和印尼语分属不同的语系，在语法、句法结构上存在很多不同之处。谓语在印尼语中同样是句子的主要成分。从句法范畴和句法功能对谓语部分进行较为系统的研究，有助于加深我们对句子的整体理解。笔者从学习及教学中总结认为，划分句子主干，分清主谓成分是理解句子，特别是理解长句的关键。汉语与印尼语的谓语部分的不同之处，使我们容易受母语的思维影响，产生翻译不对应或不自然的情况。翻译技巧不能独立于语言理解之外。对谓语部分的理解，有助于我们找出谓语部分对应的翻译技巧；对谓语部分翻译技巧的掌握，从翻译的结果再次思考原文，或许又能为我们对语言的理解提供一个新的角度。

参考文献

1. 邓奇、徐宁：《汉语口语中的倒装句——功能主义视角》[J]，燕山大学学报，2007年。

2. 黛安娜：《汉语与印尼语定中短语的比较研究》[D]，河北师范大学，2007年。

3. 张琼郁：《现代印尼语语法》[M]，外语教学与研究出版社，1993年。

4. ［印］Abdul Chaer, "Sintaksis Bahasa Indonesia (Pendekatan Proses)" [M]. Jakarta, Rineka Cipta, 2009.

中国学界

北京大学东南亚学研究中心

一、中心简介

北京大学东南亚学研究中心成立于2002年8月，是该校跨院系和跨学科从事东南亚问题综合研究和咨询的学术研究机构。

该中心的宗旨是，组织协调北大各院、系（所、中心）有关东南亚的学术研究，以推动北大东南亚学术研究和学科建设；同国内外有关东南亚学术研究、教育、涉外机构以及有关专家学者建立联系，开展各种形式的合作；为探索北大文科新课程和专业设置与发展服务；为国内外有关部门、机构、团体和企事业单位提供定题委托研究、研究班、专题讲座和咨询服务；为促进我国与东南亚各国和地区的合作、为我国改革开放和社会主义现代化建设服务。

该中心的研究范围与内容为，东南亚各国与地区的经济、政治、社会、华侨华人、历史文化、教育及综合问题的历史现状与发展趋势；东南亚各国与地区之间，特别是中国及世界与东南亚各国与地区之间在经济、政治、历史、文化、教育等方面的发展态势；通过组织学术研究与交流开设东南亚学讲座，邀请国内外知名学者作专题讲座和进行学术交流。

该中心的组织机构为，中心设主任一名，副主任若干名，秘书长一名，副秘书长、秘书若干名；由有关人员组成东南亚学研究中心委员会，讨论和决定本中心各项重大问题；聘请校内学者任中心研究员，国内外有关专家学者为特邀研究员，参加东南亚学中心的研究工作。

该中心经费自筹，接受国内外社会各界团体或个人赞助。

以下该中心的负责人名单：

主　任：梁志明（北京大学历史系教授　中国东南亚研究会副会长）

副主任：巫宁耕（北京大学经济学院教授　北京大学亚太研究中心主任）

李　谋（北京大学外国语学院教授　中国东南亚研究会理事）

杨保筠（北京大学国际关系学院亚非研究所中国东南亚研究会理事　教授）

梁敏和（北京大学外国语学院东方语言文学系主任　教授）

秘书长：赵　敬（北京大学研究生院教授　中国东南亚研究会常务理事）

副秘书长：姜永仁（北京大学外国语学院副系主任　教授）

傅增有（北京大学外国语学院教授　中国东南亚研究会理事）

研究中心常务委员：张玉安（北京大学外国语学院教授　东方文学研究院副院长）

张锡镇（北京大学国际关系学院教授　中国东南亚研究会常务理事）

赵玉兰（北京大学外国语学院教授）

二、中心自成立以来的工作进展与成果

该中心成立11年来，各项工作取得了较大的进展和较丰硕的成果。

（一）大力开展学术研究，出版学术著作

该中心成立后，北大的东南亚研究有了新的发展，主要集中在历史、语言文化、政治经济发展、华侨华人、中国与东南亚国家关系等几个方面：

中心建立之初，2003年5月，北京大学东南亚学研究中心与郑州大学越南研究所共同倡议和筹办了《东南亚研究论丛》系列丛书，以适应国内外东南亚研究发展的需要。该丛书获得香港社会科学出版社的支持。北京大学东南亚学研究中心梁志明的《东南亚历史文化与现代化》学术论文集（2003年），郑州大学越南研究所戴可来和于向东主编、游明谦副主编的《21世纪中越关系展望》（2003年），游明谦的《当代越南经济社会发展研究》（博士学位论文，2004年），北京大学东南亚学研究中心杨保筠和郑州大学于向东主编的《变动世界中的奠边府战役与日内瓦会议——"奠边府战役暨日内瓦会议50周年"国际学术讨论会的论文集》（2005年），戴可来和于向东著《越南历史与现状研究》（2006年），北京大学东南亚学研究中心李谋和杨保筠任执行主编的《中国东南亚学研究：动态与发展趋势》（2007年），以及［缅］大学盛丁著、李秉年和赵德芳译的《1945年缅甸人民反法西斯斗争史》

(2006年)和北京大学东南亚学研究中心赵敬、李谋等合译的《英缅战争史》(2008年)等均选入《东南亚研究论丛》,由香港社会科学出版社出版。

在东南亚历史方面,中心多位成员梁志明、赵敬、杨保筠、傅增有参与修订和撰写《东南亚近现代史》两卷本入选"东方文化集成"丛书,于2005年8月由昆仑出版社出版。2006年10月,《东南亚古代历史与文化研究》文集,也入选"东方文化集成"丛书,由昆仑出版社出版。2011年10月梁志明、李谋、吴杰伟合著的《多元交汇共生——东南亚文明之路》,入选"世界文明之路丛书",由人民出版社出版。

在东南亚文化方面,2002年李谋和姜永仁教授合著的《缅甸文化综论》、梁敏和教授与孔远志教授合著的《印度尼西亚文化与社会》均在北大出版社出版。2012年姜永仁和傅增有教授主编的《东南亚宗教与社会》,由国际文化出版公司出版。

在国际政治经济发展与区域合作研究领域,中心成员张锡镇教授曾先后出版《当代东南亚政治》和《东南亚政府与政治》。梁志明教授主编的《东亚的历史巨变与重新崛起》于2004年出版,内容包含东亚与东南亚国家的现代化历程,这本专著获北京市人文社科优秀著作奖。2005年巫宁耕教授出版《世界格局变动中发展中国家经济》。2008年,梁志明、张锡镇、韦民、吴杰伟编著的《东盟发展进程研究——东盟四十年回顾与展望》文集,就中国与东南亚国家和东盟的关系、东南亚国际关系发展等提供了多篇具有前瞻性的论文。张锡镇教授任执行主编的《多视角下的东亚发展研究》文集于2010年出版,该书从多维角度研讨了东亚地区和国家的发展，包括东亚一体化和区域合作及本地区国家双边关系等重要问题。

在华侨华人研究领域，北大华侨华人研究中心推出了三套大型丛书：《世界华侨华人词典》、《华侨华人百科全书》（十二卷）和《北京大学华侨华人研究中心丛书》，其中大部分内容都与东南亚有关。中心的成员杨保筠、傅增有、梁志明、赵敬、吴杰伟等担任编委，参与编撰，作出了奉献。

2012年，北大东南亚学研究中心与察哈尔学会合作，由包茂红教授与柯银斌先生任执行主编的《中国与东南亚关系公共外交》在新华出版社出版，这本文集的主要内容被译成英文，登载在环球网上。值得提及的是，中心的青年学者拓展研究领域，以博士学位论文为基础，经过修订，出版了富有特色的专著：2008年，包茂红博士在中国环境科学出版社出版《森林与发展：菲律宾森林滥伐研究（1946—1995）》；2012年，吴杰伟博士在昆仑出版社出版《大帆船贸易与跨太平洋文化交流》。

在学术名著翻译方面，中心成员李谋、杨保筠、赵敬等教授主持或参与了《琉璃宫史》（商务印书馆，2005年）和《东南亚的印度化国家》（商务印书馆，2008年）等史学名著中译本的译校。中心成员还参与了《中国大百科全书》、《东南亚历史词典》、《世界外交大辞典》等多种重要辞书的编撰。

此外，东南亚学研究中心成员编辑和出版的《北大亚太研究》刊物，于2009年更名为《北大东南亚研究》，它是北大的亚太研究，包括东南亚研究的一个重要学术园地。

（二）坚持课题项目研究，完成《东南亚古代史》的撰写

中心在规划研究项目的过程中，坚持"重视基础研究，加强应用研究"的战略方针，认为虽然现实政治与国际关系问题理所应当是研究的重点与热点，但人文与历史考古等基础学科仍不可忽视，学科建设需保持全面、均衡的发展态势，研究有重点，但不可偏废。鉴于东南亚研究中出现忽视古代史研究的"今热古冷"的状况，而古代东南亚研究相对薄弱，中心成员商定集体撰写一部有关"东南亚古代历史与文化"的学术专著，并成立了由梁志明主持的课题组。课题组成员8人，由北大外国语学院东方语言文学系、国际关系学院和历史学系教师梁志明、李谋、杨保筠、梁敏和、赵敬、傅增有、吴杰伟组成，并邀中山大学历史学系教师牛军凯加盟。古代东南亚历史的研究课题成为中心相当长时间的工作重点。课题项目的研究获得北大亚太研究院和厦门大学东南亚研究基地的大力支持，美国康德基金会对本课题的研究经费给予了慷慨的资助。

为集思广益，密切与国内学界的合作，开展古代东南亚历史的研究，2005年5月，在中国东南亚研究会的支持下，北大东南亚学研究中心举办了"东南亚古代历史与文化"学术研讨会，来自北京、厦门及全国各地的东南亚学者40多人与会，就东南亚古代历史与文化研究中的问题进行了深入探讨。会议取得成果，在提交的论文基础上，《古代东南亚历史与文化研究》一书于2006年6月出版，这大大振奋了课题组成员的信心。《东南亚古代史》的编撰工作全面展开。

2009年7月17—18日，中国东南亚研究会和云南大学国际关系研究院东南亚研究所在昆明联合举办"《剑桥东南亚史》评述与中国东南亚史研究"学术研讨会，有来自国内各大学、研究机构与新加坡的学者专家参加。中心成员梁志明、李谋、赵敬出席，并在会上宣讲了论文。会议以评论《剑桥东南亚史》为重点，同时也研讨了我们编写的《东南亚古代史》的大纲和一些有关问题，提出了许多宝贵的意见与建议，对于我们的写作很有助益。以此为契机，课题组的成员修改了写作大纲，并多方收集史料，反复切磋研究，几易所撰书稿，经历了六载春秋的共同努力和多次修改，终于完成了70余万字的《东南亚古代史》全书的撰写。

《东南亚古代史》是一部全面系统地阐述从远古至16世纪初叶东南亚历史发展的地区史，既有对地区历史发展的综合性整体论述，又有对各主要国家和重要事件的具体分析与专题研讨；既有古代东南亚国家的经济、政治、国际关系的历史论述，又有对古代东南亚国家的各民族宗教文化的阐述，其中宗教文化方面的阐述是本书的一个特色。

2011年，《东南亚古代史》获北京市社会科学理论著作的出版资助，由北京大学出版社出版，2012年又入选"国家哲学社会科学成果文库"。《东南亚古代史》的编撰和出版，既是课题组成员之间互助协作、取长补短的成果，又是校内外学界同行多方支持的产物。特别是与北大亚太研究院、厦门大学东南亚研究基地和以王立礼博士为执行长的康德基金会的大力支持密切相关。

(三)创立"北京地区东南亚学术论坛",积极开展国内外学术交流

中心自成立之日起,就以开展和参与东南亚研究领域中的学术活动为工作重点之一。

2002年9月13日,中心成立大会的当天,就倡议召开了中国东南亚研究会在京理事扩大会议,与会者一致同意设立"北京地区东南亚学术论坛",决定在北大等单位轮流召开学术研讨会,开展学术交流,以加强北京地区东南亚研究同行专家的联系。2003年3月11日,中心和北京大学亚太研究中心在北京大学英杰交流中心联合举办"北京地区东南亚学术论坛"的首次会议,中心议题为"东南亚经济发展与区域合作"。会议有在京各有关研究部门、国家机关、部队与高校的专家、学者共约50余人参加。此后"北京地区东南亚学术论坛"作为北京地区东南亚研究界的学术交流的一个平台,获得中国社科院亚太研究所、现代国际关系研究院和在京的高等学校等兄弟单位的大力支持,它们参与或承办东南亚研究学术论坛。论坛每年春季举行一次,一直坚持下来,迄今共举办了10余次。

中心还与其他单位合作开展相关学术活动,每年举办学术研讨会是举措之一。重要的学术研讨会有:2003年10月17—18日,中心与北大非洲研究中心和国务院亚非发展研究所联合举办了"全球化与发展中国家学术讨论会";2004年10月,中心接待云南大学学者,就"滇缅输油管道计划"进行了座谈和交流;2005年5月28—29日,中心主办"东南亚古代历史与文化"学术研讨会;2006年5月11日,中心主办"东亚共同体:

理想与现实"学术研讨会；2007年5月10日，中心和国务院发展研究中心亚非发展研究所联合举办"东盟40年与东盟国家发展"学术研讨会，同年6月8日，中心与校内东方学研究院、东语系等合作举办了缅甸史籍《琉璃宫史》专题学术研讨会。

此后，中心在每年冬季相继举办学术研讨会："中国东南亚学研究状况与发展趋势"学术研讨会（2007年12月）；"中日韩与东南亚：交流、合作与互动"学术研讨会（2008年11月）；"东亚发展：历史与现实"学术研讨会（2009年11月）；"中国与东南亚国家关系六十年（1950—2010）"学术研讨会（2010年11月）；"中国东南亚关系与公共外交"学术研讨会（2011年12月）。

2012年4月14—15日，中心与广西民族大学东盟学院合作在北大合办全国"第二届研究生东盟论坛"，评选有关东南亚的优秀论文。参加本次论坛的博士生21名、硕士生27名，北京大学、广西民族大学、云南大学、郑州大学和现代国际关系研究院的11名东盟研究专家作为论文的评议人参与论坛，其中北大有梁志明、李谋、杨保筠、梁敏和、包茂红和吴杰伟6位教师。

中心还开展了"走出去"、"请进来"等多种对外合作活动。中心成员多次前往东南亚国家或其他亚洲或欧美国家进行学术访问、考察、参加会议等。2003年10月以来，中心接待了越南人文社会科学院中国学研究所代表团、越南理论工作者代表团、越南社科院东南亚研究所考察团等多批越南学者，就中越关系、亚欧合作、东亚共同体等多项议题进行交流。11月，中心接待了来访的荷兰国际亚洲研究院院长施维明、法国社会和人文科学驻北京代表杜明先生，双方进行学术交流，并商讨合作事宜。

中心还举办或与兄弟单位合办了多次较大型的国际学术研讨会。2003年6月，中心成员参与了联合国教科文组织驻北京办事处委托的"东亚三国青年间对话"的调研项目，组成了由杨保筠教授负责主持的课题组。2004年初调研项目顺利完成，并获教科文组织驻北京办事处肯定。同年1月14日在北大举行了联合国教科文组织"东亚三国青年间对话"国际学术研讨会，北大副校长何芳川、联合国教科文组织驻北京办事处主任出席，中日韩三国学者与三国在北京的留学生共80多人参会。

2004年4月19—20日，中心与郑州大学越南研究所合作，在北大召开"奠边府战役暨日内瓦会议50周年"国际学术研讨会。由河内国家大学社会与人文科学大学校长范春恒教授带队，包括越南历史学会会长潘辉梨教授组成的越南学者代表团一行9人，以及法国国防史研究中心和巴黎第一大学的4名法国学者出席了这次会议。来自北京、郑州、南宁、洛阳、南京等地各有关单位的20位中国学者和研究人员及越南驻华使馆政治参赞、武官、记者、留学生及法中交流中心主任等参加了会议，使这次研讨会成为中、越、法学者的国际性学术交流的一次盛会。会议对有关奠边府战役和日内瓦会议的各方面问题进行了深入的研讨，取得了积极的成果。

2007年，东南亚国家联盟成立40周年，中心与北京大学亚太研究院于2007年11月15—16日召开"东盟四十年：回顾与展望"国际学术研讨会。会议邀请国内外著名学者从多视角和多层面探讨东盟的发展历程，总结其发展经验，展望其未来发展趋势，并对中国与东南亚的关系进行全面深入的研讨。

2005年4月，中心成员梁志明、杨保筠教授赴河内参加关于越南战争结束30周年学术会议，并分别在全体会议和分组会议上作报告；2003年11月，中心成员张锡镇教授应邀赴新加坡参加"亚洲政治学和国际关系协会第二届年会暨学术研讨会"，在会上就"东南亚自由贸易区的困境及其突破"作了发言；2005年6月，杨保筠教授赴法国参加了"东盟：中国、韩国和日本"学术研讨会，作题为"中国与东亚合作机制"的报告，2006年4月，他又前往美国克里夫兰大学参加纪念万隆会议50周年的学术研讨会，并作了题为"中国与和平共处五项原则"的主题报告。2008年5月26—27日，中心成员张锡镇、李谋、赵敬等教授应邀赴厦门参加厦门大学南洋研究院与国外多个机构合作召开的关于缅甸的专题国际学术研讨会。同年12月18日，中心成员巫宁耕教授赴香港参加了北大与香港树仁大学共同举办的《美国金融危机及对中港的影响》国际学术研讨会。

2010年12月6—10日，中心成员梁志明、杨保筠、吴杰伟出席在新加坡召开的"21世纪中华文化世界论坛"第六届（海外首届）国际学术研讨会，并分别在会上宣讲了论文。2012年11月24—30日，以《东南亚古代史》课题组的成员为主的中心学者代表团访问了泰国朱拉隆功大学、清迈大学等学术机构，进行学术交流，与朱拉隆功大学合办"东南亚学和中泰关系"学术研讨会，并对曼谷、清迈和阿瑜陀耶的历史遗迹开展了学术考察。

举办"北京大学亚太名家讲座",邀请国内外知名学者、专家和外交界人士来北大讲学是北大亚太研究院加强对外交流的一项重要举措,中心协助承办了几次讲座。2005年11月23日,中心与北大亚太研究院共同邀请时任越南驻华大使的陈文律到北大作"越南革新开放及其历程"的讲演,系统地介绍了越南革新事业的历程、成就和经验,畅谈中国与越南改革的比较及中越关系等问题。2007年11月15日,又邀请新加坡学者、儒商学会会长魏维贤博士作了"孔子学院:机遇与挑战"的演讲,主题是"使汉语、汉文化走向世界"。2008年10月24日,前中国驻印大使程瑞声先生应邀来校谈"中印经济对比"问题。2010年9月17日,法国远东学院驻马来西亚分会主任蒲达摩教授主讲"占婆历史与文化研究——以法国学界研究成果为主"。2011年4月18日,中心和华侨华人研究中心合作承办亚太"名家讲座",厦门大学国际关系学院院长庄国土教授应邀作了"华侨华人与中国的国际化"学术报告。同年9月17日,中心再次邀请蒲达摩教授作了"伊斯兰教在占婆王国的传播和影响"的讲座。2012年12月14日,泰国华人学者谢玉冰博士应邀主讲"孙悟空、哈努曼在东南亚"。

中心非常注重将科研与社会实践相结合,使科研成果能够为社会服务。中心人员多次应邀就与东南亚地区国家的合作、湄公河次区域开发等问题出谋献策。多次接受报刊、电台采访,回答国内群众所关心的有关东南亚地区的各类问题,并到中央电视台、凤凰台等新闻单位和中国网等网站就有关中国与东南亚关系等问题作在线访谈或直播点评,为普及东南亚知识、提高公众对东南亚的关注和兴趣作出了应有的贡献。

后　记

《东盟研究》由教育部区域与国别（东盟）研究中心、广西科学实验（中国—东盟研究）中心、广西民族大学东盟学院联合主办，旨在征集并公开出版国内外优秀的东盟研究成果。该书设有"一体化追踪"、"热点分析"、"区域与国别"、"华侨华人"、"语言文化"、"中国学界"等栏目。"一体化追踪"，即追踪东盟的一体化进程；"热点分析"，即分析与东盟相关的热点问题；"区域与国别"，即东南亚区域与东盟成员国的相关研究；"华侨华人"，即东南亚地区的华侨华人研究；"语言文化"，即东南亚地区的语言文化研究；"中国学界"，即介绍国内知名的东南亚研究机构与权威学者。《东盟研究》自2012年开始出版，即《东盟研究2011》，《东盟研究2013》已经是第三本。

自去年11月发布征稿启事至今，在一年多的时间里《东盟研究2013》先后经过征稿、选稿、审稿、编辑等一系列程序，至今终于付梓。在此，我们特向为此书的出版提供过支持和帮助或付出过努力的各位领导或学界同仁致以深切的谢意！

后 记

感谢各位学界同仁赐稿!

感谢东盟学院各位领导的大力支持!

感谢世界知识出版社各位编辑的辛勤工作!

由于经验不足,水平有限,书中定有诸多我们尚未发现的问题,希望各位读者批评指正!

编者

2013年12月1日于相思湖畔